Charles de Meyer

Pourquoi me persécutes-tu ?

Chroniques d'un Orient martyr

Préface de

Richard de Seze

La Nouvelle Librairie. éditions

Pourquoi me persécutes-tu ?

Chroniques d'un Orient martyr

Dépôt légal : juin 2023
ISBN : 978-2-493898-87-6
www.nouvelle-librairie.com
La Nouvelle Librairie
11 rue de Médicis – 75006 Paris

Préface

Il y a dix ans, Charles de Meyer décidait d'aider les chrétiens d'Orient à reconstruire. Reconstruire leurs maisons, leurs écoles, leurs villages, leurs vies... Dix ans plus tard, en Irak comme en Syrie, en Arménie comme en Éthiopie, les chantiers surabondent. Les chrétiens, moins. En dix ans, l'État islamique et les puissances musulmanes ont continué, avec une férocité renouvelée ou avec la même lenteur séculaire, à amoindrir, affaiblir et éradiquer la présence chrétienne dans des terres et des pays où elle avait le plus souvent précédé l'islam. Et dix ans durant, la communauté internationale et la France elle-même ont le plus souvent détourné le regard, promu d'autres priorités, avalisé cet effacement.

Charles de Meyer ne s'y est pas résigné. Lui, sur le terrain, avec ses chefs de mission et ses bénévoles, constatait et constate encore aujourd'hui la présence de ces communautés antiques, leur résilience, leurs dynamismes, leurs cultures – et constate ce que leurs pays comme le monde perdraient comme trésors vivants à laisser l'islam renvoyer au néant les langues, les communautés, les rites et les lieux chrétiens. Il constate, il alerte, il construit, il implore.

Mois après mois, en parallèle de son action opiniâtre et intelligente qui consiste à soutenir des projets concrets, immédiatement nécessaires, conduits et surveillés au-delà de leur financement, Charles de Meyer a raconté ses voyages et ses étonnements. Les premiers l'emmènent aussi bien au milieu de ruines irakiennes que dans un café libanais ou dans un bidonville égyptien. Les immeubles en béton effondrés côtoient des ruines millénaires. Les seconds le promènent, entre stupéfaction, colère et pédagogie, au milieu des discours et des silences diplomatiques onusiens, européens, français. Les paroles côtoient les cadavres.

D'un côté nous voilà, grâce à lui, au plus près de populations qui souffrent mais qui résistent, qui ont faim mais qui combattent, qui sont ruinées mais veulent encore s'enraciner, et il nous fait vivre ses rencontres pour nous prouver, s'il en était besoin, que la cause n'est pas vaine – mais, oui, c'est un besoin et une nécessité car la France, l'Union européenne et les Nations unies délibèrent gravement du Kamtchatka plus que du Haut-Karabagh et s'inquiètent des Ouïghours emprisonnés plus que des chrétiens syriens massacrés et esclavagisés.

De l'autre, nous suivons le fleuve au cours inexorable des lâchetés diplomatiques, des grands discours habillant les gras intérêts, des erreurs d'analyse, des refus idéologiques, des vieilles haines anticléricales qui se satisfont de la disparition des chrétiens d'Orient, absurdement assimilés à d'anachroniques croisés, et des nouvelles folies culturelles qui s'aveuglent volontairement sur plus de dix siècles d'affrontements orientaux dans l'absurde espoir d'éviter l'inévitable confrontation – déjà en cours –, en Europe et en France, entre des États qui ont décidé d'évacuer Dieu de la cité et une religion fondamentalement politique qui se veut être l'unique et fondamentale règle sociale.

On est saisi, en parcourant ces quelques années de chroniques, par les sentiments contrastés qui nous assaillent, que la plume de Charles de Meyer ne sait si bien susciter que parce que ce sont les siens : nous sommes partagés entre l'admiration et le dégoût, entre le fatalisme et l'espérance, et chaque chronique réussit aussi bien à aiguiser nos énervements qu'à raviver notre confiance. Une espérance surnaturelle, une lucidité politique, une intelligence géopolitique, une assurance humaine servent de repères à l'auteur, qui allie le regard de l'observateur et l'action pratique, la hauteur de vue et le sens du terrain.

On pourrait être tenté, en le lisant, de ne retenir que ses critiques précises, nourries, justes et documentées du grand abandon dont sont victimes les chrétiens d'Orient et dont la France est coupable, elle qui pourrait faire bien plus mais s'acharne à mal penser, mal dire et mal faire, excipant de la laïcité pour couvrir une entreprise concertée et avouée d'élimination religieuse et physique de populations complètes, se détournant avec beaucoup de morale d'un combat bien trop identitaire à ses yeux, et préférant sacrifier ses propres intérêts et son renom diplomatique sur l'autel tremblotant des droits de l'homme définis à Bruxelles.

Mais ce serait une lecture incomplète et fausse. Si Charles de Meyer ne ménage pas ses critiques, il s'emploie aussi non seulement à fournir les bonnes clés de lecture – qui ne se résument pas toutes aux discours macroniens – mais encore à nous rassurer sur la vitalité des communautés qu'il accompagne et qu'il admire : fragile perfection dont il refuse de ne considérer que la fin possible mais dont il s'attache, par son action et par ses écrits, à nous donner le goût de la découvrir ; à nous de lui donner les moyens de la préserver.

Richard DE SEZE

L'Égypte en panne

30 avril 2019

Le Nil est devenu d'une pitoyable saleté. Les files de taxis obstruent toutes les artères, condamnant les déplacements à la lenteur et l'air à la corruption. Des beautés d'autrefois, du charme qui enchanta les soldats de l'armée d'Égypte, si peu subsistent encore. Le Caire n'est plus Le Caire, et le visiteur sans le sou peut loger à Alexandrie dans les palaces déchus d'une lointaine aristocratie d'autrefois. Bienvenue en Égypte, joyau oriental en déshérence.

Bien plus qu'un nid d'espions, Le Caire est une triste fourmilière, où des métros bondés transportent des femmes en noir, des mendiants et la cohorte des travailleurs. Ils ne rejoignent certainement pas les hôtels vides où quelques anciens grooms aimeraient maintenir l'art de l'accueil. Ils ont peut-être participé à la première révolution qui aboutit à la terrible présidence Morsi, victoire des idées et des hommes des Frères musulmans, bien aidés par les gouvernements occidentaux, ou à la deuxième, particulièrement soutenue par les Coptes, qui permit la victoire du maréchal Sissi, protecteur de l'armée et dirigeant autoritaire, qui a évidemment contre lui les relais européens des Frères musulmans et ceux qui aimeraient que les émotions arabes servent de répétition de la guerre d'Espagne. Les rouges prendraient l'oripeau des droits de l'homme.

L'Égypte est au bord du chemin. Si elle a su conserver une élite formée et capable, elle est prisonnière des errements idéologiques passés, du nassérisme dont les lourdeurs administratives continuent de miner toute velléité de développement économique, de l'analphabétisme, qui toucherait encore 40 % de la population, et de l'islamisme, qui gangrène les rapports sociaux et a déjà eu la peau des juifs d'Égypte comme l'évoque le beau roman de Waguih Ghali, *Les Cigarettes égyptiennes*. Si une partie du monde musulman se retrouve en effet dans l'enseignement religieux proposé à l'université al-Azhar, cette dernière peine à réformer les enseignements et les manuels insultants pour les chrétiens dans les écoles. Peut-être se réformerait-elle plus promptement si le Vatican était plus exigeant dans ses relations avec les différents recteurs ?

Celui qui aura terminé la visite du somptueux musée copte pourra penser au tragique de la rencontre de l'Égypte avec l'Occident. Un tragique qui se joua en juillet 1798 avec le débarquement de Napoléon Bonaparte qui, « s'il planta ses étendards sur le berceau du monde », eut toutes les peines à comprendre les sectes islamiques et les éruptions de violence de la rue. Ce fut une rencontre entre deux civilisations qui s'ignoraient bien avant la conquête algérienne par les troupes de Charles X. Ce chaos des rencontres et de leurs longues conséquences est au cœur du passionnant ouvrage de Robert Solé, *Ils ont fait l'Égypte moderne*[1]. De l'instituteur Hassan al-Banna formant le creuset de l'islamisme contemporain, avant de mourir assassiné en 1949, à l'obèse roi Farouk, délaissant son pays pour les plaisirs, c'est la difficulté de survivre à la rencontre avec l'Occident qui posa question à l'Égypte.

1. Robert SOLÉ, *Ils ont fait l'Égypte moderne*, Paris, Perrin, 2017.

Les Coptes souffrent en silence d'une situation où la tension militaire, la haine d'une large partie de la communauté musulmane égyptienne et les attentats ponctuent leur quotidien. Port-Saïd, Damiette, Ismaïlia, ces villes qui firent rêver tant de Français sont embourbées dans l'islamisme. Et la péninsule du Sinaï continue d'être une zone militaire, souvent interdite d'accès même pour visiter les monastères chrétiens. Une chapelle attenante à leur complexe patriarcal porte encore les stigmates de l'attentat de 2017 qui coûta la vie à des dizaines de femmes qui assistaient à la messe du soir. Sur les piliers de marbre certaines traces ont plusieurs centimètres de profondeur. Chaque année, des prêtres sont assassinés dans la rue et des cars de pèlerins fusillés.

En face des pyramides de Gizeh, des restaurants louent leurs terrasses pour profiter des animations sans payer l'entrée. L'effet est splendide. Le froid de la nuit contrarie néanmoins le spectateur économe. Qu'il ne jette pas un regard à sa droite : des gosses gardent un cheval famélique qui se nourrit d'ordures.

Au Liban avec un ami

22 mai 2019

Du Liban, j'ai souvent l'impression d'avoir exploré chaque parcelle. De mon premier séjour, en rentrant de la mission inaugurale de SOS Chrétiens d'Orient en Syrie, aux déplacements parfois presque mensuels, j'ai dû toujours infirmer ce sentiment. Ce pays à l'histoire virile mais délicate est une ambiguïté face à laquelle l'homme s'incline toujours. Cette fois, un cher ami m'a accompagné. J'aurais aimé l'y conduire il y a longtemps déjà et enfin l'arrangement fut possible.

Divers clans ont sabordé le Liban, et il ne retrouva rien, je crois, des souvenirs familiaux qu'il avait enfouis. Le travail l'empêcha même de croiser ces beautés levantines dont il se serait certainement fait l'esclave. Au premier regard, l'homme de bonne volonté sait que les Libanaises sont aussi belles que leur pays est défiguré : la côte est enlaidie par les immeubles, les sites bucoliques des gravures ont laissé la place à d'abominables bouchons, le « trafic » condamne le voyageur à la contemplation de demi-bâtiments qui pourraient désespérer les âmes les plus optimistes. C'est un crime contre la douceur de vivre, l'un des plus graves crimes sociaux, puisqu'il abîme à lui seul les hommes et les choses.

Il faut néanmoins arpenter les quartiers pieusement. Derrière des immondices hétéroclites se cache une ancienne barricade de la bataille des hôtels et sous les murs en construction reposent les cadavres de héros de quinze ans. Maroun Maachalani, lieutenant controversé d'Elie Hobeika, auquel on reproche les terribles massacres de Sabra et Chatila, mais aussi soldat chrétien sorti de l'adolescence, bravant la guerre pour sauver le Liban chrétien, conte avec amertume le sort de cette jeunesse dont les souvenirs jonchent Beyrouth mal reconstruite. Son témoignage intitulé *Croix de guerre* est fait de la froideur des récits sincères. Il y décrit le terrible massacre de Fanar, mais aussi les exploits de scouts transformés en commandos dans l'unité Bjine, des initiales arabes du fondateur des Kataëb Pierre Gemayel, et finalement explore son parcours comme un chemin de croix que dissimula mal l'enthousiasme des émotions juvéniles livrées à la guerre. J'évoque ce livre sans distance, il est plein de mes amis, braves motards claudiquant ou patrons masquant leurs cicatrices sous leurs chemises. Maroun Maachalani s'était lancé dans ce combat où se jouait « la ligne d'intersection de deux visions diamétralement opposées du Liban ». À l'époque, la gauche internationale et les Palestiniens ne donnaient pas cher des « lavettes d'Ashrafieh », riche quartier chrétien de la capitale, contre les damnés de la terre, soutenus discrètement par l'URSS mais aussi par bien d'autres bailleurs…

Ce fut une guerre barbare, avec ses assauts sanglants et ses représailles. Otages innocents et familles endeuillées furent le quotidien du Liban de 1975 au début des années 1990. À l'époque, les correspondants internationaux parlaient droits de l'homme quand les chrétiens libanais réclamaient le droit de vivre paisiblement, sans sœurs violées et sans pays abandonné aux réfugiés palestiniens. Sans entrer dans les méandres du conflit, le constat est sans appel : des accords du Caire qui offraient le Liban aux Palestiniens à ceux de Taëf qui actèrent la fin de la souveraineté du Liban et sanctuarisèrent son morcellement communautaire, les blessures furent trop lourdes pour que la suture soit efficiente.

Peut-être parce que les combattants cherchent encore à pousser les portes du salut : ainsi Maachalani se décrivant, lui, le commando habitué à la mort, « agenouillé devant la statue de la Sainte Vierge, [qu'il ne cesse et ne cessera] jamais de remercier et de louer pour [l]'avoir porté ».

Une conversion qui n'est pas sans évoquer l'itinéraire de Jocelyne Khoueiry qu'évoquaient, il y a quelques années, Nathalie Duplan et Valérie Raulin. Jeune phalangiste, combattante qui résista avec ses amies une nuit entière face aux brigades palestiniennes, elle fut inspirée pendant les combats et dédia ensuite son investissement à convertir les combattants chrétiens, quittant l'engagement politico-militaire au moment du coup de force de Samir Geagea au sein des Forces libanaises, pour devenir une disciple de saint Jean-Paul II, vouant sa vie à la pastorale de la famille et à la défense de l'enseignement de l'Église au sein d'un Liban en proie au relativisme contemporain. Elle est très malade. J'aimerais la présenter à mon ami. Si Dieu veut…

En Arménie

26 juin 2019

La couronne est lourde. Dans la foule, les vieillards affichent une expression recueillie quand les jeunes chahutent. Il nous faut préserver les fleurs de la couronne tant nous frôlons de groupes qui soutiennent, eux aussi, des compositions de roses ou de jonquilles. Toute l'Arménie semble en chemin vers Tsitsernakaberd, le château aux hirondelles, où se dresse le froid monument commémorant le génocide que subirent les Arméniens habitant l'Empire ottoman à partir de 1915.

Ici, la foule n'est pas venue poussée par une rancœur contrainte. Ainsi la délégation des Kurdes de l'Irak actuel, dont les ancêtres sont souvent considérés comme les hommes de main des maçons Jeunes-Turcs organisateurs du massacre, est accueillie avec une curiosité mêlée de reconnaissance. Leurs études universitaires à Erevan les auront rapprochés des stigmates du pays.

Alexandre, chef de mission de SOS Chrétiens d'Orient en Syrie, dépose la couronne avec moi, sous le regard du père Youssef Karnik qui chaperonne notre voyage. Quelle équipe nous formons ! Alexandre est arrivé depuis Beyrouth, la reprise des vols depuis Damas étant encore balbutiante, j'ai utilisé la ligne aérienne au départ de Paris quand l'Abouna est venu s'installer dans la première nation chrétienne en provenance de Qamishli, au nord-est de la Syrie, dans la Djézireh. Arménien du Levant, pour ne pas utiliser l'expression générique « de la diaspora », il a le dévouement des enfants de l'Oronte, bariolé de quelques expressions romaines, accumulées pendant ses études de théologie au Collegio Armeno en Italie. Le cosmopolitisme n'a de saveur qu'aux endroits de rocailles, où chacun est trop vivant de son identité pour jalouser celle de son voisin.

Il me souvient d'ailleurs de quelques lignes découvertes dans le superbe récit de conversion de Psichari, *Les Voix* : « Dans notre vie peineuse, soucieuse, nous sentons bien que nous ne pouvons pas nous en remettre uniquement à nous-même. Nous savons ce que nous sommes. Nous connaissons la tâche qui nous a été mesurée. Nous sommes pénétrés de l'idée que la France c'est nous. Nous savons qu'un seul homme représente pour des milliers d'êtres la France tout entière. En particulier, je sais qui je suis, ce qu'on attend de moi. Nous savons que nous sommes ici des hommes considérables. Nous sommes obligés de réussir. Si nous nous faisons battre, nous aurons tort[2]. » En ces endroits où les autochtones ne rencontrent que des retraités jouisseurs et de fébriles diplomates, nous sentons cette exigence. Et nous amusons nos guides en ne refusant ni le cognac des terres de l'archevêché d'Erevan, ni les prières, ni les avanies du voyage.

Explorateurs en Arménie, nous connaissons bien les Arméniens. D'antiques familles d'Alep, les évêques d'Alexandrie ou de Bagdad sont de nos amis. Je me souviens surtout du prince de l'Église arménienne catholique en Irak, qui régnait au service d'une cinquantaine de fidèles et déclamait l'impressionnante plainte des prières liturgiques de son rite. Cet entremêlement forge l'Arménie

2. Ernest Psichari, *Les Voix qui crient dans le désert*, Paris, L. Conard, 1920.

d'aujourd'hui, sorte d'Israël où se refugièrent tant de nationalités pour dévisager le mont Ararat, larcin turc de 5 000 mètres d'altitude où s'arrêta l'arche de Noé.

Nous cahotons au milieu des voitures iraniennes, géorgiennes ou russes. Quand je m'ennuie de ce spectacle, je me rappelle les lignes de *Chrétiens aux bêtes*[3], somme des relations des arts turcs du génocide arménien et des complicités européennes dans l'horreur, allemandes notamment. Les grossesses éventrées, les marches mortuaires dans le désert, par exemple celui de Deir Ezzor en Syrie, les marchés aux vierges accompagnant de leurs cris la balle qui transperçait la nuque de leurs frères, tout y est décrit. Les rocs sont disséminés tout au long du chemin, comme si, à l'image de ce « soleil qui s'est réfugié dans les cailloux[4] », les lamentations des victimes du génocide s'étaient minéralisées au bord des routes afin que personne n'oublie.

Nous avons un peu évoqué l'actualité avec les ambassadeurs libanais et italiens :

---

3. Jacques RHÉTORÉ, *Les Chrétiens aux bêtes*, Paris, éditions du Cerf, 2005.

4. Anne-Lise BLANCHARD, *Le Soleil s'est réfugié dans les cailloux*, Ad Solem, 2017.

la misère économique, la traite des filles dans certaines régions, le conflit du Haut-Karabagh, la « révolution » qui voudrait mettre fin aux réflexes hérités de l'URSS. Peu de choses finalement. Peu de choses tant l'impression du voyageur est capturée par le destin mystique d'un peuple, oscillant entre le dépôt d'une tradition millénaire et les larmes d'une chrétienté à l'écart des autres. Devenue chrétienne par le sacrifice de saint Grégoire l'Illuminateur convertissant le roi Tiridate qui l'avait jeté dans une cave abyssale pendant treize années, l'Arménie est posée sur les échelons qui permettent de visiter le cachot : cramponnée à la foi, elle pourra ressurgir.

Quel sang pour un drone ?

22 juillet 2019

Existe-t-il marronnier plus pénible que la critique journalistique des excès de Donald Trump ? De l'essence de sa chevelure à ses amitiés russes, le lecteur aura découvert le personnage sous toutes ses coutures par la benoîte entremise de rédactions postulant que #POTUS ferait vendre puisque les gens le détestent.

En Orient, la consternation est mieux établie. Inscrit dans la longue tradition américaine, il est bénéficiaire, et son pays avec lui, d'un ordre né du chaos qui enrichit les entreprises tout en damnant Washington. Ses récentes divagations sur l'opportunité d'un bombardement de Téhéran le démontrent encore.

Téhéran… Ce chauffeur de taxi qui nous engueule car, circonspects, nous refusons de lui donner notre avis sur la République islamique qu'il ne porte pas en son cœur. Cette bande de jeunes lycéennes qui nous poursuit pour apprendre de nos voix ce que la France pense de leurs voiles. Nous nous en sortons mieux en leur faisant remarquer que nous avons bien compris le jeu de leurs aînées quand le hasard contraint le tissu à tomber sur leurs épaules une dizaine de fois en un court instant. Les musées qui n'ouvrent que dans la matinée, ce directeur d'hôtel qui exige que nous lui livrions nos téléphones portables afin d'y installer immédiatement l'application idoine pour explorer ce que nous souhaitons sur Internet. Nous prétendons ne pas comprendre son sous-entendu.

L'Iran est une civilisation. Et nous sommes trop chrétiens pour acquiescer à tout ce que l'islam politique y impose. Mais les poèmes d'Hafez, les cars nocturnes, cette doctorante en littérature française croisée au hasard d'un aéroport régional, les marchés d'Ispahan… Tout cela est tellement loin des horreurs qu'on nous dit y trouver. Tout cela exsude une liberté qui n'a aucun besoin de pressions occidentales, de bombardements libéraux ou de correspondant des *Échos* pour mettre à bas ce qui doit l'être. Les chrétiens iraniens ont leurs clubs, leurs rues, leurs paroisses. Téhéran y exerce un contrôle trop important pour que nous puissions nous en satisfaire. Il faut qu'un Iranien puisse devenir chrétien sans ne risquer rien d'autre qu'accroître ses devoirs envers son pays. Il faut, c'est certain, que les mœurs n'y soient plus le sujet d'une police mais l'objet d'une harmonie sociale. Je ne crois pas néanmoins que le « camp du bien » mette au ban du monde des pays avoisinants qui pratiquent une charia bien plus implacable que celle-ci.

Il faudrait que Donald Trump médite le constat amer de Pierre et Christian Pahlavi : « Rétrospectivement, lorsqu'on s'attarde sur les origines de la révolution islamique de 1979, il est difficile de ne pas remarquer que tout a commencé avec les discours prodémocratiques du président Carter contre le régime Pahlavi. Les historiens réalisent à quel point l'hostilité idéologique du président américain vis-à-vis du Chah a accéléré la chute de ce dernier, scellé le destin de l'Iran et influencé celui du monde[5]. » Iranité ? Perséité ? Axechiite ? Chacun débat pour

5. Pierre et Christian Pahlavi, *Le Marécage des ayatollahs*, Perrin, 2015.

comprendre le creuset de l'identité iranienne. Et l'histoire montre aisément combien le réveil chiite du pays fut intrinsèquement lié à la résistance à l'occupant ottoman. Toute contrainte qu'elle soit, la jeunesse iranienne ne sera pas entraînée par les sirènes du vaste monde pour soutenir une agression armée contre son pays. Pis, nous savons bien qu'en agissant de la sorte les États-Unis ne feraient qu'encourager les plus intransigeants. La politique actuelle d'asphyxie économique de l'Iran n'a d'ailleurs pas d'autre conséquence.

Le zoroastrisme d'aujourd'hui, douce méditation devant un feu inextinguible, n'a que peu à voir avec ce que fut la radicalité de sa foi originelle. Alentour de Yazd, nous vîmes les tours du silence. Nous mîmes nos pas dans ceux des familles qui, quelques millénaires avant nous, déposaient là le corps des défunts. Était-ce *cruor* ou *sanguis* qui coulait des cadavres ? Nous préférerions que Donald Trump ne nous donne pas à en connaître.

Migrations

28 septembre 2019

Le Proche-Orient est une terre exemplaire de la mondialisation. Les produits, les capitaux et les hommes s'y échangent depuis les débuts des civilisations. Omeyyades et Normands, Africains et Mongols, Turcs et Phéniciens s'y disputèrent les places d'honneur jusqu'à écrire les trames les plus marquantes de l'histoire universelle.

En dirigeant une formidable histoire des *Empires médiévaux*[6] chez Perrin, Sylvain Gouguenheim permet d'en découvrir l'origine. Les Abbassides déplaçant la capitale de l'islam de Damas, siège des Omeyyades, à Bagdad en 750 ; les Byzantins offrant à Constantinople cette grâce qu'insultèrent

6. Sylvain Gouguenheim (dir.), *Les Empires médiévaux*, Perrin, 2019.

les latins en 1204 ; les Bulgares, chassés par les Mongols qui disséminèrent tant de peuplades turques dans le croissant fertile. Et tant d'autres invasions ou chutes d'empire qui forgèrent une terre où les civilisations se superposèrent et se mêlèrent dans un perpétuel tourbillon, source de la complexité orientale.

C'est la face heureuse du cosmopolitisme oriental : les Arméniens commercèrent d'Ispahan à Istanbul et les Syriaques diffusèrent la splendeur grecque d'Antioche à Alger. Géographiquement, le Proche-Orient est assigné à une vocation de carrefour qui explique la délicate élaboration des nations en des terres où les Bédouins trafiquent et trafiqueront sans frontières après l'extinction du monde ottoman.

D'autres histoires y sont encore écrites. Des petites bonnes éthiopiennes y bataillent pour la vie de leur progéniture illégitime comme dans Capharnaüm. Les jeunes Syriennes du camp de réfugiés de Zataari, en Jordanie, sont prostituées auprès de tout ce que l'Orient compte d'émirs libidineux. Migrations d'aujourd'hui.

Deux histoires ont bouleversé le Proche-Orient cet été, celle de Rosemarie Perez, employée philippine expulsée d'Israël, et celle de Jimmy Al Daoud, Chaldéen renvoyé des États-Unis en Irak, patrie d'origine de ses parents. Deux histoires différentes, deux destins exemplaires de la profonde mutation de la nature des migrations au Proche-Orient.

Rosemarie Perez d'abord, arrivée avec 28 000 de ses compatriotes à l'aube des années 1990, pour suppléer la main-d'œuvre israélienne mobilisée par l'intifada. En arrivant, ces immigrés avaient dû signer un contrat d'engagement à ne pas fonder de famille en Israël. Dans un pays terrorisé à l'idée de perdre son identité juive, ces mesures sont multipliées. J'évoquai dans une précédente chronique la batterie de réformes initiées par Benjamin Netanyahou autour de la définition de son pays comme « État-nation du peuple juif » afin de déterminer définitivement les différences entre résidents juifs et non juifs dans le droit israélien. Une mesure qui provoquerait des protestations infinies en France mais qui sied bien à un Orient où la personne n'est pas défigurée pour correspondre à une pure citoyenneté juridique. Rosemarie et son fils Rohan ont dû partir.

Reste que l'immigration de masse en œuvre au Proche-Orient est profondément déshumanisante. Seule la foi maintient ces personnes dans la dignité, comme j'avais pu le constater lors de la messe à l'évêché latin de Bagdad où toute l'Asie chrétienne se croisait dans une ferveur bigarrée. Les écharpes colorées des Éthiopiennes de Beyrouth rappellent les cultes des anciens temps, têtes couvertes pour ces dames. Leur ferveur est à la mesure d'une lassitude qui commence très tôt, dès l'arrivée dans les aéroports orientaux où leurs papiers sont saisis par paquets et leurs files d'attente spécialement éloignées de celles des autres passagers. Jetez-y un œil en atterrissant à Beyrouth, elles sortent à gauche, en face du petit café prisé des Occidentaux.

Des Occidentaux qui y lirent sans doute la pitoyable histoire de Jimmy Al Daoud, sans-papiers résidant aux États-Unis, dont les groupes de pression chaldéens ont révélé la mort au début du mois d'août. Schizophrène, il était né dans un camp de réfugiés en Grèce. Diabétique – mais l'insuline existe aussi en Irak –, il aurait été envoyé à Najaf, une ville moins hostile qu'on ne le dit aux chrétiens mais où il ne bénéficia pas de la solidarité communautaire qu'il aurait reçue à Bagdad ou à Erbil. Il y mourut, isolé et malade. Tout un symbole des mensonges faits aux chrétiens d'Orient : bercés d'illusions sur un Occident paradisiaque, l'immigration les coupe de la terre de leurs pères, les privant le plus souvent de tout espoir de retour dans leur pays d'origine.

Les larmes de Mar Matti

18 octobre 2019

Mar Matti, Pâques 2014. Une journaliste soudainement gagnée par la célébrité télévisuelle est là, à se débattre sur les matelas des salons arabes que nous avons disposés pour notre retraite pascale. Avec nous, un militant récemment condamné, une jeune étudiante en philosophie à l'aube de l'âge adulte, et Benjamin Blanchard, le trésorier de SOS Chrétiens d'Orient. Et quelques autres.

Nous jeûnons. L'organisation État islamique a déjà pris Mossoul, qui n'est pas si loin, sur le même axe routier. Mais nous ne pensons pas à cela. Suspendu dans les roches, le monastère syriaque-orthodoxe est bouleversant. J'y lisais Kessel sur un balcon qui surplombe toute la plaine de Ninive pendant que mes compagnons attendaient que les moines nous ouvrent une douche. Les offices se succédaient, surtout l'enterrement du Christ, tellement impressionnant dans les premiers tintements, tellement long aussi pour nous qui ne goûtons rien aux délicatesses de l'araméen ou de l'arabe.

Longtemps, nous nous souviendrons du sentiment de délivrance qui nous étreignit quand le supérieur du monastère nous invita à la table pour partager le repas de rupture du jeûne pascal. Nos entrailles n'avaient pas notre piété. SOS Chrétiens d'Orient n'était rien à l'époque. Nous avions baladé notre équipe tout au long du Kurdistan : de Souleymanieh à Qaraqoch, d'Erbil – où nous manifestâmes devant le siège local des Nations unies – à Manguesh au pied des montagnes. Je m'amuse maintenant des volontaires qui me présentent les endroits comme à une huile de passage, ignorante à coup sûr des tréfonds des lieux. La meilleure manière de leur rappeler que nous fûmes leurs prédécesseurs est de sourire devant la façade des magasins d'alcools ou des troquets déguisés, tant il existe d'irrécupérables constances dans le caractère français.

Mar Matti, c'est le souvenir de l'absolu, de l'âme qui pour une fois se gorge vraiment de ciel, de magnificences liturgiques, de sainte amitié. Une bergère dans un village plus bas nous fit goûter un chèvre frais qui se moquait des normes européennes et ravissait d'autant mieux nos palais. Je ne sais pas si cela fut complètement raccord avec le carême orthodoxe. Même ces fromages avaient la manière d'un appel à Dieu, dans cette joyeuse troupe découvrant la Mésopotamie.

Il faut donc que ce soit cela que le président de la région Rhône-Alpes ait choisi pour me rappeler à sa lâcheté. L'homme ne mérite pas l'embarras d'explications : énarque français, il a promis un argent que quelques inquiétudes lui feront finalement refuser. Nous jouissons des élites que nous ne méritons pas. Son sort n'intéresse pas. En revanche, je ne peux dissimuler quelques larmes qui inondèrent discrètement mon cœur dans la polémique qui suivit : faut-il que la France aille si mal, que notre pays se complaise dans autant de veuleries pour qu'un tel bonhomme abîme mon souvenir, nos souvenirs. La subvention devait aller à Mar Matti.

Au moment de cette polémique, je lisais le livre du dominicain rennais Xavier Loppinet, *Pleurer sans Pourquoi*[7]. Mon petit cœur viril

---

7. Xavier LOPPINET, *Pleurer sans Pourquoi*, éditions du Cerf.

y découvrait les taxinomies élaborées par sainte Catherine de Sienne et puis l'antienne de Celle qui Pleure : « Voyez de quelle abondance de larmes est baigné le visage de la Vierge Marie. Vous tous qui passez, regardez et dites s'il est une douleur pareille à ma douleur. » La Vierge dut verser tant de larmes en découvrant le sanctuaire de Sainte-Barbe, que nous avions visité juste avant Mar Matti, aux mains des barbares islamistes. Elle doit pleurer encore davantage devant la naïveté volontaire de dirigeants qui feignirent d'entendre le message que les chrétiens d'Orient nous adressaient dans leurs crucifixions. Et nous qui savons, nous pleurons de honte.

Xavier Loppinet me donne cependant un peu d'espoir. Il rappelle : « À travers ces filles de Jérusalem, comme le dit Origène, c'est nous qui sommes appelés à pleurer avec le Christ sur notre péché. Mais c'est là, justement, la bonne nouvelle : nous ne pleurons plus sur nous-mêmes, nos larmes ont pour source celle du Christ. »

Toute honte bue, nous pleurons avec Lui. Peut-être cela sauvera-t-il la pureté des souvenirs de Mar Matti ?

Émotions orientales

28 novembre 2019

Lundi matin (le blog du Comité invisible), rêve d'une circulation révolutionnaire entre le Proche-Orient et la France. Dans ces esprits habituellement moins embrumés naissent des espoirs de convergences entre un chiite de Sadr City à Bagdad, un maronite d'Achrafieh à Beyrouth et les fameuses Kurdes, les *Sœurs d'armes* des fantasmes de Caroline Fourest.

En une sorte de négatif de la mondialisation du capital, ils rêvent d'une mondialisation de la révolte, oublieuse des identités, des contextes, des histoires. Les brumes de lacrymogènes des places arabes leur rappellent le parfum des rues de Nantes, sauf que les distributeurs automatiques y sont moins nombreux.

Ce grand arasement est toujours une erreur. Et une erreur vraiment néocoloniale.

Des Bugeaud de l'internationalisme médiatique pullulent pour entraîner les complexes équilibres orientaux vers des asphyxies bien sensibles quand il faut faire face aux armées turques ou aux dollars du Golfe. Ils voulurent croire à un Rojava kurde absorbant 30 % du territoire syrien, à la frontière turque, alors même que les Kurdes de Syrie représentent à peine 10 % de la population. Il fallait les entendre louer les cercles de parole démocratiques et les combattantes des libertés, la liesse populaire de l'éveil aux égalités. Sauf que les Kurdes ne sont ni un peuple de laboratoire, ni un peuple doudou, et que *Lundi matin* comme les partisans du *Regime Change* fabrique des espérances qui terminent dans le sang. Le sang de ces habitants de Qamichli, terrés dans leurs maisons, écrasés sous les bombes ottomanes.

J'ai tellement reçu de témoignages de chrétiens exaspérés par les pratiques kurdes au nord-est de la Syrie : l'obligation de l'enseignement en langue kurde, à la sauce de l'abbé Grégoire, l'enrôlement de force des chrétiens dans les milices, les expropriations, au point de faire mourir de vieux paysans de désespoir. Certains Kurdes ont déporté, exclu, discriminé, volé pour bâtir leur État.

Certains Kurdes de Syrie se sont trop associés au Parti des travailleurs du Kurdistan, brandissant à chaque occasion le portrait d'Abdullah Öcalan, inspirateur embastillé du mouvement. Or le PKK défend le peuple kurde dans une version internationaliste et gauchiste qui n'a que peu de rapports avec la longue histoire de ces montagnards rugueux. Voilà d'ailleurs que la réconciliation nationale avance en Syrie, et que l'armée arabe syrienne a repris des postes jusque-là conservés avec acharnement par les forces du YPG, à Manbij par exemple ou même à Alep.

Les relations internationales sont des objets de constance et non d'expérimentation. C'est cela qui inquiète dans la série d'émotions qui ont gagné au mois d'octobre l'Égypte, l'Irak et le Liban à des degrés variables. Évidemment les danseuses dévêtues et les abounas en prière des marchants vers le Grand Sérail nous plaisent au Liban. Et comment ne pas embrasser cette exaspération devant la corruption endémique de l'État libanais, incapable de fournir eau et électricité à sa population de manière continue. Mais en même temps nous constatons que la veille des manifestations le *Washington Post* appelait à un investissement redoublé des

États-Unis au Liban et que la transition de la jacquerie à l'idéologie guette.

Il en va de même à Bagdad où le clergé chiite mais indépendant de l'Iran s'associe aux manifestants pour accroître la pression sur le gouvernement irakien. Et rien ne se fait en Irak sans que les Américains ne soient informés des évolutions de la vie publique. Le fameux arc chiite semble au cœur des enjeux. Au centre, les citoyens de ces États peuvent être désemparés : leur révolte est légitime mais ils ne voudraient pas devenir des Ukrainiens du Maïdan, ballotés entre promesses européennes et respiration artificielle américaine. Ils trépignent dans des pays morcelés, souvent très blessés par des interventions occidentales erratiques.

Pour se garder des excès, souvenons-nous de deux indicateurs fiables : le respect des chrétiens dans toutes ces manifestations et la lutte contre toutes les interférences étrangères.

Parler ou se taire

2 décembre 2019

Bien des chrétiens d'Orient possèdent une qualité proprement reconnaissable pour des esprits français : la susceptibilité. C'est une excellente nouvelle pour SOS Chrétiens d'Orient qui affirme, dès que nous le pouvons, combien une fraternité mystérieuse nous unit à nos frères aînés dans la foi. En un sens, la théologie se vérifie encore et dévoile la sagesse d'une grâce sanctifiant si bien la nature. À la fin du monde, les nations comprendront certainement pourquoi Dieu nous offrit ces sangs virulents, propices à l'engagement et aux détestations.

Pour le moment, il faut accepter les malentendus. Comme ces universitaires arabes qui accusent toute personne s'approchant de leurs terres de visées colonialistes ou de préjugés occidentaux. S'ils sortaient de leur crispation, ils comprendraient certainement qu'« à nouveau sous le feu de la rampe, comme en témoigne la recrudescence d'ouvrages de vulgarisation qui leur sont consacrés, ces minorités sont le miroir de cet autre nous-même que nous avons voulu fuir. Un visage dépouillé à son paroxysme de l'humilité, un corps entré dans la kénose » comme l'écrit Tigrane Yégavian dans *Minorités d'Orient, les oubliés de l'histoire*[8]. Participantes du témoignage universel du Christ, les communautés orientales doivent se réjouir de voir tant de fidèles bénéficier spirituellement et culturellement de leur témoignage. Les martyrs de la Révolution française nourrirent des résistances chrétiennes dans toute l'Europe, ceux du Levant sont la ressource d'une Église en proie à tous les maux.

Nos nations ne firent pas toujours ce qui convenait à ces chrétientés. Un ami me rappelait l'injustice faite à Sèvres pour les Kurdes et à Trianon pour les Hongrois, et l'illusoire clémence dans la réduction de l'Empire ottoman.

S'ils se laissent emprisonner dans un discours victimaire, dénonçant de fantasma-

8. Tigrane YÉGAVIAN, *Minorités d'Orient, les oubliés de l'histoire*, Le Rocher, 2019.

tiques relents de colonialisme, les chrétiens d'Orient seront prisonniers du progressisme européen, qui confond identité et haine, foi et hystérie, nation et bellicisme. Cette fièvre déconstructrice est particulièrement sensible dans le livre de Josephine Crawley Quinn, *À la Recherche des Phéniciens*[9]. C'est une boutade régulière des dîners libanais que de moquer leur attachement à cette origine. En voyant la couverture de l'ouvrage au catalogue, j'imaginais apprendre, découvrir les complexités de ce monde. Et je fus confronté à une démonstration affirmant que le but de l'ouvrage « n'est pas simplement de sortir les Phéniciens d'une obscurité imméritée ; c'est même le contraire, je vais tenter de prouver qu'ils n'ont jamais existé comme un peuple pleinement conscient de lui-même ». Évidemment, il n'est pas donné de définition du peuple pleinement conscient de lui-même, ce qui aurait pu clore des millénaires de philosophie politique.

Il exista un mouvement néophénicien au Liban notamment, et même un journal éphémère, *La Revue phénicienne*, à l'aube de

---

9. Joséphine CRAWLEY QUINN, *À la recherche des Phéniciens*, La Découverte, 2019.

la première guerre mondiale. Qu'importe que l'Iliade évoque des Phéniciens et que les tombes des marchands établis dans les comptoirs de la Méditerranée évoquent leur ascendance phénicienne, il faut rappeler surtout que d'autres se présentaient comme cananéens et que leurs tombes n'avaient pas la même graphie. Les archéologues qui se pencheront sur la France du XXIe siècle défendront certainement des positions similaires, rappelant que des traces de sel dans les restes de beurre varient de Sablé-sur-Sarthe à Quimper. Mieux, l'auteur écrit : « C'est seulement sous domination romaine que le Phénicien fut une véritable entité politique. » Mais, encore une fois, cette appréciation fut donnée *ad extra*, par les Romains : comment s'assurer de la conscience *ad intra* ?

À se couper les cheveux en quatre, l'université parvient à affirmer qu'une langue largement commune, une origine avérée et une reconnaissance extérieure certifiée dans les textes historiques ne signifient pas l'existence d'une identité d'autant plus que cette identité aurait été utilisée au cours de l'histoire pour des expériences politiques. Crawley Quinn livre d'ailleurs à cet égard une étude intéressante sur la mobilisation de l'imaginaire phénicien chez les indépendantistes irlandais.

Que doivent en retenir les chrétiens d'Orient ? Que les idées de peuple et de nation effraient leurs contemporains occidentaux. Et qu'à vouloir défendre leur singularité orientale avec ceux qui interdisent tout héritage civilisationnel en Europe, ils ressemblent à Jonas fuyant son destin à Ninive mais qui y reviendra tout de même y découvrir que la nature humaine n'effraie pas Dieu, qui la sanctifie par sa grâce.

L'indifférence a perdu ses droits

9 janvier 2020

L'hôtel Corinthia a les fastes des palaces hongrois. L'entrée, un peu basse, ouvre sur un immense escalier qui distribue les hôtes entre les salles de réception, les suites et la magnifique piscine. L'Europe centrale possède l'art des décors et d'une certaine douceur de vivre sur le retour. Viktor Orban lui a donné quelque chose de plus.

Le Corinthia n'accueillait cette fois que peu d'hommes d'affaires. Il était tout entier consacré à la deuxième conférence internationale sur la persécution des chrétiens dans le monde. Les barricades de 1956 et le long sacrifice du cardinal Mindszenty ont porté du fruit. Les bures le disputent aux trois-pièces, et tout ce que l'Orient compte d'évêques engagés est là, les uns interdits, car ils sortent d'un quotidien de service social harassant, les autres plus familiers de ce confort. La troupe est joyeuse, fière d'assister à un événement gouvernemental qui débute par la prière de Sa Sainteté Ignace Ephrem II Karim, Patriarche d'Antioche et de tout l'Orient. Le gouvernement du Fidesz est au grand complet, les orateurs blaguent même l'organisation, saluant l'ouverture d'un synode.

À quoi bon ? À quoi bon ces dorures et ce lit immense ? À quoi bon ces plats et cette cordialité ? Les défenseurs des chrétiens sont-ils solubles dans les symposiums ? Le nouage de cravate est sans doute la compétence première d'une partie des intervenants. Les uns qui s'approprient les causes, les autres seraient trop empâtés par ces réunions ? Et pourtant. Assembler les mondes humanitaires, politiques et religieux pour se soucier prioritairement de la souffrance des chrétiens persécutés par le monde est un défi. Un défi puisqu'en France les ornières partisanes, politiques ou associatives, hypothèquent les chances d'une telle synthèse. Un défi puisque les États-Unis n'accepteraient pas d'écouter la libre parole de tant de clercs orientaux sur leurs méfaits en Syrie ou en Irak. Un défi enfin car l'Union européenne n'accepte que laborieusement l'existence même des chrétiens d'Orient, s'attachant très spécialement au droit des indigènes à Bornéo et des communautés LGBT de l'Ouganda.

Et puis comme dans toute sphère professionnelle, il fait bon pouvoir retrouver ses interlocuteurs en un même endroit. Évoquer les souvenirs d'inauguration avec Mgr Najeeb, rêver aux commencements de SOS Chrétiens d'Orient avec Mgr Jeanbart, le sémillant archevêque grec-catholique d'Alep, ou deviser avec Marc Fromager de nos expéditions irakiennes. Marc jouit ici de la réputation des hommes de terrain, celle qui forge cette reconnaissance du coup d'œil, ce respect qui se moque des surfaces pour dire : celui-là a traversé le monde pour la même cause que nous, dormi dans les mêmes remises, bu le mauvais whisky et attendu aux mêmes points. Celui-ci sait que nous ne sommes pas des héros mais bien plutôt des laborieux.

Des laborieux qui progressent, et cette conférence internationale en était le signal. SOS Chrétiens d'Orient, comme toute la sphère de la défense des chrétiens persécutés, a gagné en expérience, en organisation, en réseau. L'indifférence ne retrouvera jamais les droits qu'elle avait usurpés en Occident.

Me voilà sur le retour. Le soir même, je couvai une mauvaise grippe dans un salon des Invalides, où la communauté des fidèles donateurs de SOS Chrétiens d'Orient écouta, avide, Mgr Baalbaki, évêque grec orthodoxe de Hama, parler de la résistance héroïque de Mhardeh et de Squelbiyeh face aux hordes djihadistes. Encore une fois, l'excellence des mets, et la qualité des vins, dénichés par notre ami Antoine, montraient que l'excellence se marie très bien avec la collecte humanitaire. Nous obtînmes pour l'occasion le haut patronage de Valéry Giscard d'Estaing, ce qui ne manqua pas de surprendre. Mais combien de personnes, au fait des enjeux diplomatiques, vous surprendraient par leur condamnation des aventures diplomatiques de Paris au Proche-Orient.

C'est le mot qu'on me rapporta à Vilnius. Vilnius la profonde, cité qui ne sent pas la mort mais plutôt le sacrifice, qui n'exhale pas la fin mais la continuité offerte par les martyrs. Je vous parlerai bientôt du « sourire au Goulag » que j'ai rencontré et du nouveau cardinal de Kaunas. Je vous parlerai de ce que nous fondons là-bas. Pour offrir à d'autres jeunes Européens la chance de partager l'aventure des volontaires français. Sans doute parce qu'il n'y a d'universel que les vérités, et que celles-ci sont à la portée de nos abandons. Sur les routes de Syrie ou dans les hôtels du vieux continent.

Le signe de Baalbek

13 février 2020

À Baalbek, les touristes commencent à revenir. Ils avalent le mont Liban comme ils ingurgitent les « *maneesh* » à la sortie d'Héliopolis – ceux faits à l'ancienne, avec la pâte qui colle aux parois du four bombé – et arrivent repus du trajet aux abords de la ville.

Souvent, les yeux se dessillent après quelques kilomètres plus avant. À l'occident des voyageurs, les frontons et le temple surgissent, somptueux, énormes. Qui a visité une fois l'acropole n'en a pas cru ses yeux. L'ensemble est presque écrasant, justifiant pour une fois les appels à l'imagination de nos anciens professeurs d'humanités.

Trop de conducteurs font l'erreur de pousser jusqu'à l'évêché grec catholique qui signale le rétrécissement des rues. Il est préférable de se garer au niveau du rond-point, entre les soldats, loin d'être aussi effrayés que le site du ministère des Affaires étrangères le prétend. Ou alors, il faut avoir rendez-vous avec Mgr Elias Rahal, archevêque du lieu, qui surveille ses ouailles avec l'espièglerie d'un sage, renouvelant chaque année son rappel : il aurait dépassé la limite d'âge depuis bien trop longtemps pour que l'archevêque ne changeât pas dans les mois à venir.

Si c'est votre cas, suivez-le jusqu'à son petit oratoire et priez avec lui. Après tout, vous serez chez Bacchus dans moins d'une heure et cette pause pieuse offre une manière d'ablution ou de repentir, en fonction des prévisions.

J'aime la froideur de la Bekaa l'hiver. J'aurais aimé que les amis qui m'accompagnaient vissent les vestiges de la Cité du Soleil sous la neige. Mais nous n'eûmes que les averses, incessantes. Et même un peu d'attente au moment de passer la casemate des billets, où l'on vend des tickets, de mauvais keffiehs, des parapluies et des chandails du Hezbollah.

Les historiens racontent que la ville avait la réputation de centre névralgique de la haine des chrétiens. Les païens ne voulaient pas d'autre dieu que les leurs. Ils évoquent aussi les dégâts de l'iconoclasme de certains maîtres des lieux, chrétiens ou musulmans. Sans doute publieront-ils demain la joie de voir les dernières colonnes de l'ancien temple de Jupiter enfin délivrées de leurs échafaudages. Les constructions métalliques évoquaient trop ces immeubles infiniment en construction des villes levantines. L'Européen déambule, incrédule devant l'immense réservoir de pillage et de nouveaux agencements que les Romains offrirent à leurs successeurs. Toutes les civilisations y puisèrent, et d'autres le feront.

Deux ou trois jours après ce nouveau passage, Donald Trump donnait l'ordre d'assassiner Qassem Soleimani qui avait eu l'inobligeance de séjourner au Levant en même temps que nous. Il fallait voir les visages au matin de son élimination. Avocats, banquiers et hommes de bien partageaient tous l'opinion du changement d'une époque au Proche et au Moyen-Orient. Pour le moment, ils eurent tort, et le tournant annoncé ne se produisit pas. Le drapeau d'Hussein flotte à Qom et les missiles d'oncle Sam patientent. À Dieu ne plaise.

En France, le concert des imprécations retentit. Celui-ci, incapable de s'astreindre à la moindre discipline personnelle, évoque en larmoyant la pureté du pays de la révolution islamique de 1979. Cet autre, prônant habituellement l'amour entre les peuples, décrit les Perses comme autant de pourceaux et de fanatiques. Peut-on rêver une politique harmonieuse là où tout n'est qu'enragements ?

J'oubliais. C'est Guillaume II, l'infâme Guillaume II, qui fit beaucoup pour la redécouverte et la valorisation de Baalbek. Le même Guillaume II dont Henri Bergson écrirait que les enfants avaient « la brutalité et le cynisme de l'Allemagne, dans son mépris de toute justice et de toute vérité, une régression à l'état sauvage » après le bombardement inique de la cathédrale de Reims. Préférait-il les temples latins de la question d'Orient ?

*

Quatre collaborateurs de SOS Chrétiens d'Orient ont été enlevés à Bagdad le 20 janvier 2020.

Le poids du silence

21 février 2020

Les réseaux sociaux font des ravages. Hyperconnectés, nos contemporains s'exposent à plusieurs interrogations insolubles : faut-il demeurer anonyme ? Est-il urbain de se réfugier derrière un écran au milieu d'échanges soporifiques ? Suffirait-il de baffer les « *managers* » de LinkedIn pour retrouver la douceur de vivre ?

Ils négligent sans doute ce qu'un signal absent peut avoir de douloureux. Un compte qui ne se connecte pas. Et un autre. Et les suivants. *A priori*, l'angoisse n'était pas encore légitime. Les aléas des infrastructures ou les censures opportunes pouvaient expliquer que quatre amis n'aient pu accéder à leur fil. Après tout, épouses et amis s'inquiétaient toujours de nos silences quand nous sirotions une mauvaise bière turque à la fin d'une journée poussiéreuse.

Alors vous fixez un butoir. Sans trop y croire, sans trop craindre non plus. Et le moment passe. D'un quart d'heure. De plus. Les lignes s'affolent autant que les équipes s'organisent, appliquent, à la lettre, ce à quoi elles ont été formées. Rien ne soigne les chocs comme l'entraînement. Un peu comme dans un plaquage : la violence qui s'annonce vous étreint, l'entraînement vous rassure.

La presse surgit, avide de détails, d'images, de précisions. Incapable de saisir l'essentiel. L'essentiel, ce sont les routes arpentées avec l'un, les messages de l'autre auxquels vous répondiez toujours en retard, ces soirées où vous contiez vos transgressions dans une fraternité « du terrain » qui noue des liens si cordiaux. L'essentiel c'est de les retrouver, nos disparus, sains et saufs. Et la liberté d'information n'a rien à voir avec cela.

Ils sont quatre. Professionnels. Partis pour accomplir les formalités administratives dont l'Orient est friand. Pas loin de l'ambassade de France, à deux pas de cette cathédrale où nous fûmes si souvent accueillis. Fermez le ban. Notre sécheresse en étonna plus d'un qui gloussait pourtant de nos actions humanitaires et de notre fréquentation de zones sensibles. L'idéal serait d'ignorer complètement leur retournement. Accepter leur sollicitude. Inspecter notre rage pour en déceler les malignités. Mais si nous avons pris un lot que beaucoup rejetaient, notre douce humanité est mise à rude épreuve.

Immanquablement, les proches obsèdent votre esprit. Les leurs, d'abord, ou du moins principalement, et la responsabilité que vous leur devez. Les vôtres, beaucoup, qui alternent entre la spontanéité d'un soutien et les détresses qui les accaparent discrètement. Cette lueur dans les regards qui pourrait être un reproche ou une admiration voilée et ignorante. Cette lueur à laquelle vous vous accrochez parce qu'elle est et non parce qu'elle dit et que sa valeur s'est soudain renchérie.

Et ce silence qui tonne. Qui détruit tout. Le mystère qui ronge, qui obsède même quand vous l'avez remisé au flanc de votre vie. Vous accapare-t-il ? Son empire doit être annulé. A-t-il été chassé ? Ses dards ressortent dans cette winstub où vous souhaitiez célébrer l'amitié ou au noir de la nuit. Votre plainte est rentrée tant d'autres souffrent plus. Qui a dit que notre génération ignorerait les grands devoirs ?

Les prêches se multiplient. Allez, assistez à la messe là-bas, suivez les règles, n'inventez rien, ne pronostiquez pas. La vie n'a rien d'un pari. Cachez-vous en Dieu comme nous indiqua Saul, qui empêcha le mouvement de quelques chrétiens avant de vibrer au christianisme. Et de cette planque, car toutes les cachettes ne sont pas preuves de courage spirituel, méditez sur la distribution des épreuves, et de ce que cette disparition indique de la hauteur de ce à quoi nous sommes attendus.

C'est la vie qui doit continuer. À vous de vous convaincre que les geigneries du quotidien sont des troubles compréhensibles et que les lumières des experts forment un gagne-pain respectable. Il faut faire ce que nous devons. Contre l'absence. Contre les remords. Contre l'impuissance.

Anachorètes et Cénobites du monastère Saint-Antoine

1er avril 2020

Entre Le Caire et le monastère de Saint-Antoine gît un désert de pierres, ou plutôt de caillasses, aussi vide que l'autoroute qui le transperce et partage sa monotonie. Une barre montagneuse rompt l'aridité du paysage pour signaler la proximité du premier monastère de l'histoire. L'endroit est identique à sa description : portail nouveau mais factice, vestiges du cordage qui élevait les visiteurs jusqu'à l'entrée, robes noires des moines. Rien n'étonne comme l'assemblage de la piété antique, des splendeurs conservées et du toc contemporain. Le mont Qulzum en Thébaïde a enfanté une belle part de l'histoire.

Chez nous, le visiteur trouverait des raccords voisins mais dépourvus de la théorie d'Éthiopiennes resplendissantes et nus pieds qui égrènent les 2 000 marches conduisant

à la grotte de l'inventeur du monachisme. L'ivoire de leurs bouches lance des « *good luck* » aussi guillerets qu'humiliants pour nos essoufflements. Elles ont les traits fins et la foi vive, joyeuse, enviable.

Nous avons vénéré les reliques, prié les saints coptes qui résistèrent aux Berbères et salué, en contrebas, un capuchon dissemblable qui excitait les pèlerins alentour. Leur pas universel courait recevoir la bénédiction de l'exilé du monde qui passait là par hasard. Les savants racontent que les saints coptes sont représentés les paumes de main repoussant l'observateur pour signifier qu'ils sont morts au monde. Près de cent trente clercs habitent encore les lieux et leur délégué anglophone, responsable de la clinique, vint nous offrir un bol de riz agrémenté de pommes de terre en sauce. Lui porte le capuchon aux douze croix au-devant et l'unique croix du Christ à l'arrière. Un trait divise aussi le tissu commémorant la découpe du crâne de saint Antoine par le démon et la tentation qu'il défit.

Les siècles conservent les trésors de la foi avec simplicité. Ici la Vierge donne le sein en l'icône centrale de l'entrée d'une chapelle, là le corps intact d'un moine patiente avant la

sortie annuelle où les fidèles touchent encore la dépouille. À côté, des femmes sanglotaient et des adolescents rechargeaient leurs téléphones. Quand notre guide retira le tapis qui camouflait les grandes vitres donnant sur les fondations du lieu, des bambins se jetèrent sur les rebords, effrayés par l'effet.

Mgr Nicolas Thévenin, nonce apostolique français au Caire, accompagnait une partie de notre visite. L'archevêque partagea nos sourires devant les meules au chômage qui assurèrent l'autonomie du lieu et offrit même sa traduction bienveillante pour les moins anglophones de l'équipée. Au retour, notre chauffeur était charmant et conduisait certainement des Français pour la première fois. Aurions-nous préféré qu'il sût lire et connût au moins la route qu'il devait emprunter ?

La troupe n'était pas en avance. Pour une partie, elle était au risque de manquer le train retour pour Alexandrie où SOS Chrétiens d'Orient travaille depuis plusieurs mois. Pour l'autre, la messe au rite chaldéen, abritée dans la cathédrale arménienne catholique, approchait. Le père ne manqua d'aucune attention pour notre groupe. Entre fatigue et dévotion, les volontaires frappés du cœur rajeunissaient beaucoup l'assemblée. Ils détournèrent simplement le regard au moment de l'imposition précoce des cendres, qui attendrait le mercredi pour nous autres latins.

Hosni Moubarak, ancien raïs chu lors des émeutes dites du printemps arabe en 2011, finissait d'être moribond et devait mourir deux jours plus tard, le mardi 25 février 2020. Les analystes occidentaux soulignèrent sa longévité et son éloignement des canons occidentaux de la démocratie dans une perspective originale et profonde. Du moins le crurent-ils. Au monastère de Saint-Antoine-le-Grand, les moines attendaient avec impatience le début du carême. Les visiteurs y seront interdits toute la semaine sauf le samedi et le dimanche et c'est très bien ainsi.

Le monde arabe et l'Université

20 mai 2020

La fascination qu'exerce l'Orient sur la France n'a épargné ni les « grands hommes » ni les « régimes ». Le traité des capitulations de François Ier, les pyramides de Bonaparte, qui radota sur Saint-Jean-d'Acre durant tout son exil à Sainte-Hélène, le chouf de Napoléon III, l'Alger des Bourbons puis des Orléans, Damas ou Oran pour le fondateur de la Ve République, ne constituent que quelques menus exemples de cette conversation houleuse.

Même quand il était à l'ouest, comme le Maroc, les Français allèrent vers l'Orient, ce à quoi les universitaires leur répondaient qu'ils s'intéressaient en réalité au monde arabe. La France parla alors de politique arabe et les lettrés critiquèrent son orientalisme. Allez comprendre. Maintenant qu'elle n'en parle presque plus, c'est sa mentalité néocoloniale qui lui est reprochée. Les Chinois peuvent piller, les Russes remplacer, les Américains tournebouler, et l'Union européenne arriver après la fête, c'est toujours le Français, parti d'Oran, de Bizerte et de Suez, qui sera le colon. Colon, ça lui va bien, il est curieux comme un colon, entreprenant comme un colon, séducteur comme un colon, et tendrement maladroit. Un prince saoudien n'a pas de telles manières et pourra indistinctement acheter tout ce qu'il trouvera, d'une mosquée tripolitaine à la place des Vosges, il ne sera jamais colon. C'est ontologique et scientifique.

Et comme l'Université est maîtresse dans la distribution des brevets coloniaux, elle connaît son sujet. Elle se le transmet de père en fils, de cooptation en cooptation, de revues en albums. C'est un capital culturel que de savoir distribuer les mauvais points colonialistes, qui procure un certain confort moral, et permet de publier au Seuil, et avec l'Institut du monde arabe, *Le Monde arabe existe-t-il (encore ?)*[10] publié en février 2020.

---

10. *Le monde arabe existe-t-il (encore) ?*, coll. « Araborama », Institut du monde arabe-Seuil, 2020.

Celui qui traîne ses guêtres, ou son imagination, dans cette partie du monde y trouvera des développements parfois passionnants. Ainsi « ce qu'il faut comprendre c'est que la logique de la culture de ces régions est une logique purement généalogique. La généalogie l'emporte sur la localisation ». Combien c'est exact ! Des descendants du prophète aux religions du secret, la lignée recèle des souterrains culturels qui passionnent l'amateur, déjà dégrossi des méandres bien décrits par le sketch beyrouthin des Inconnus, et confronté aux familles alépines commerçant à Alexandrie et Beyrouth, ou des familles cléricales de Qaraqoch en Irak, qui ont inondé les églises du Levant. Le lignage livre beaucoup de l'atmosphère orientale et de la prudence qui y sied. Le café renversé sur les pieds d'un patriarche fera le tour de la région sans accélération synodale. Des articles nous font redécouvrir les conversions des grandes familles commerçantes du Koweït, des Émirats et de Bahreïn, des perles au pétrole et aux droits de douane effondrés, avec une savante attention.

Le bât blesse cependant par les retours constants aux idoles du siècle : l'absence d'alternative entre démocratie libérale et dictature sanguinaro-fasciste, l'amalgame entre djihadistes et réactions éruptives des Libanais devant un concert pornographique, l'assimilation pathétique des « printemps arabes » de 2011 aux journées de 1848, dont nos chercheurs ignorent visiblement qu'elles donneront 1852, Eugénie de Montijo au moins, ou alors, sous une abaya qui n'a rien de la gaze castillane. Il y a quelque chose d'insupportable à lire un diplomate palestinien expliquant les équilibres impossibles qu'il voudrait atteindre avant de constater quelques pages plus loin que des cartographes français assimilent la destruction des unités islamistes d'Alep Est, à un « urbanicide ».

Le lecteur est face à un dilemme. Faut-il se réjouir des mérites de la France, capable de financer l'Institut du monde arabe, de construire, à l'instigation des catholiques présents dans l'administration coloniale au Maroc, la grande mosquée de Paris, d'enseigner avec brio toutes les langues arabes à l'Inalco, et donc de regorger de talents pour mieux connaître l'Orient compliqué ? Ou alors éructer qu'il faudra bien un jour que cessent les méfaits de la gauche universitaire ? Deux sentiments qui gagneront tour à tour le lecteur de cet album.

Sur la route

23 juin 2020

Les avions sont au sol. Partout les effets de la covid-19 interrompent les liaisons aériennes, privant de départ beaucoup de volontaires de SOS Chrétiens d'Orient. Nous trouvons alors les consolations de la nostalgie, des grands départs et des banalités. Cloués au sol, les souvenirs se densifient. Juin est la saison des chemises maculées et du soleil écrasant. Ce qui ne change pas, ce sont les blagues, l'un qui abonde en insanités à chaque barrage pour sonder la placidité du conducteur, l'autre qui fait remarquer, en direction de Soueida, que Daesh est à 10 kilomètres à l'ouest, et Al-Quaïda à 15 kilomètres en sens inverse, l'autre enfin qui propose une dizaine. Un moine la transforma un jour en chapelet. Cela nous rendit plus précautionneux.

Nous n'avons plus de baluchons en voyage.

Ou alors pour les poseurs de magazines et les filles d'Instagram. C'est dommage. Cela nous donnerait plus d'allure quand nous sortons des voitures essoufflées du Proche-Orient. La voiture, c'est aussi l'échappatoire, car elle rappelle que le temps peut être compté, là où les hôtes le laissent préférablement filer.

Tous les modèles sont disponibles, du taxi cahotant, aussi fatigué que son conducteur, dans les rues de Beyrouth, aux 4x4 rutilants des huiles irakiennes. Bien sûr, grâce à la publicité des groupes terroristes, le pick-up Toyota est prisé, adulé.

Présider SOS Chrétiens d'Orient, c'est être en voiture. Tout le temps. Et souvent dans des situations où le rocambolesque le dispute à l'inconfort. La visite classique débute le jeudi, au départ de Paris où la file des automobilistes exaspérés vous amuse. Dans quelques heures, vous traverserez une frontière de nuit, priant pour que les factionnaires soient trop fatigués pour gaspiller votre temps. Il y aura l'arrêt aux cafés arabes ambulants qui procurent la force de demeurer éveillé pour quelques jours. À Erbil, la route est rapide, à Bagdad elle se faisait nerveuse, à Beyrouth, vous pouvez maintenant indiquer le chemin sans carte. Le dimanche, il faut prendre le

dernier avion pour retrouver « une activité normale » au lundi matin. L'arrivée se fait à l'aube, unique occasion d'évoquer l'amour courtois du XXIe siècle : des croissants frais.

Au Proche-Orient, comme ailleurs, il faut être concentré. Nous avons lu des rapports d'accidents où des camions surgissent en contresens sur une voie unique, vu des motos qui portent deux parents et leurs trois enfants, et observé les cargaisons fruitières du Caire dont l'équilibre forme à lui seul une preuve de l'existence de Dieu. Il y a une sociologie de la route. Ou plutôt des modèles. Plus la moyenne est mauvaise, plus les 4x4 sont imposants, plus le pays va à l'abîme. C'est archi-vérifié par les connaisseurs. Et aussi par les compagnies d'assurance qui exigent une capacité d'extraction tributaire de quelques cylindres.

Mais la distinction ne se vérifie pas simplement par les modèles. Les arrangements de plaques indiquent vos connexions administratives, les vitres teintées illustrent vos passe-droits et l'odeur de cigarette démontre votre résistance aux envahissantes normes occidentales. Ce lot de sensations et les conclusions qu'on en tirera forment l'expérience.

En Jordanie, des lignes droites infinies rallient Amman à Madaba et ses mosaïques, jusqu'au mont Nébo, où les distraits observent les nomades plutôt que le Jourdain. En Irak, en poussant au nord-ouest, après Badarash, on franchit la vallée de la Sapna en zigzaguant comme dans les Pyrénées. Alentour, Turcs et militants du PKK font peser leurs combats sur la population civile. Au moins ces routes sont-elles charmantes pour le passager. Il en est de plus ennuyeuses, comme celle reliant Homs à Alep, si longue.

Souvent, les premières lignes de ces chroniques naissent des demi-torpeurs de la route. Un voyage dans un fauteuil avec quelque carnet. Rien ne change vraiment. Qui aurait dit que nous nous languirions de retrouver le mauvais air des climatisations ?

Vignes et chantiers

18 juillet 2020

Rencontrer la mère d'un ami n'est jamais une mince affaire. Il faut être présentable et convenu. L'idéal de notre mère à nous, qu'on ne voudrait pas décevoir. Avec Anne-Lise, la mère de Benjamin Blanchard, cofondateur et directeur général de SOS Chrétiens d'Orient, les choses allèrent d'elles-mêmes. Engagée, très soupçonnable d'être arrimée à de solides principes ensoleillés par la connaissance du monde, le courant ne pouvait que passer. Et il passa, sereinement, dans les conseils d'administration comme dans les chemins orientaux. Elle arpenta ceux que j'arpentai, rencontra les mêmes visages, connut émerveillements et déceptions aux mêmes avanies.

Magie linguistique, elle sentit les choses tout différemment ou, plutôt, tout singulièrement. Je vous avais déjà parlé de son recueil

Le Soleil s'est caché dans les cailloux paru chez Ad Solem il y a quelques années. Anne-Lise n'écrit pas que des vers. Elle prit aussi des notes. Plus minutieuses que les miennes, plus féminines certainement. À Alep, elle rencontra les pires affres de la guerre imposée en Syrie : « Quelques tirs d'obus traversent la nuit, la guerre n'est pas terminée. Cependant mon court séjour ici, avec ses nuits exquises, sera une halte bénéfique pour mon sommeil dans le cours de cette mission itinérante au mode de vie très spartiate [11]. »

Comme cela me rappelle les premières équipées de SOS Chrétiens d'Orient ! Dormir est un enjeu essentiel. Les agapes officielles s'étalent de longues heures, assez semblables au narghileh qui s'invite aux tables syriennes, volupté du temps sec et des tables copieuses. Il se fume sans précipitation et sans peur du lendemain, qu'il encombrera de sa toux. Et puis, il faut parler du dîner qui vient de s'écouler. En Syrie, je le fis avec du thé ou ce que nous trouvions. En Irak, un soir, nous longeâmes la route d'une nuit noire pour

11. Anne-Lise BLANCHARD, *Carnet de Route. De l'Oronte à l'Euphrate, les marches de la résurrection*, Via Romana, 2020.

débusquer le premier marchand d'arak à des kilomètres. Nous le sirotâmes jusqu'au matin tant nous avions de choses à dire.

Le débat n'est alors jamais tranché : éteindre la climatisation et étouffer ? Ou maintenir la climatisation comme bande sonore des ronflements ? Les choses les plus futiles deviennent obsessionnelles dans les pays étrangers. Surtout quand nous filons d'un village à l'autre pour visiter un maire, évaluer un projet, brandir une pancarte. Au bout viennent les épuisements comme les ravissements. Anne-Lise décrit la découverte des travaux avancés de la cathédrale de Mgr Arbach, à Homs, ou les visites au père Najeeb, protecteur des manuscrits syriaques les plus précieux et devenu archevêque de Mossoul.

Avons-nous senti les mêmes parfums ? Goûté aux mêmes mets ? Je n'en sais rien. Ce qui me frappe le plus à la lecture de ses chroniques, c'est que nous avons plongé dans une civilisation, désormais morcelée et qu'on ne doit pas laisser partir en lambeaux. Qui ne doit pas s'évanouir entre les canons mondiaux et les balles locales. Pour que les arcanes d'Alep déploient leurs feuillages jusqu'en nos imaginaires, il faut qu'à des centaines de kilomètres de là les villages montagnards du Khabur soient préservés des bombardements turcs qui les accablent en ce mois de juin, que le Liban sauve ses paysages matraqués de béton ; que les vestiges chrétiens de Jordanie jaillissent au milieu des déserts.

C'est à cette condition que nous pourrons lire, au siècle prochain, des récits de voyages en Orient, si méprisés par les universités mais tellement propices à l'aventure. Anne-Lise, de retour à Maaloula, écrivit : « La vigne, culture plurimillénaire de Maaloula, replantée cette année sous l'œil expert de Julien, jeune ingénieur agronome chargé des projets agricoles, annonce le retour à la vie de Maaloula en attendant celui des chrétiens syriens et irakiens sur leur terre. » La Mésopotamie doit nous nourrir à nouveau. Par nous, entendez, la France ; quant à SOS Chrétiens d'Orient, nous ne nous lassons pas de nous en rassasier.

Beyrouth en ruines

4 septembre 2020

Le soleil de la Garonne rétablissait le corps et l'esprit. Ces collines mille fois contemplées, là-bas, vers Martres-Tolosane, sommeillaient, épuisées par le soleil. Entre deux exercices, les nouvelles pleuvent. Les images inquiétantes de notre appartement soufflé, meubles enchevêtrés et fenêtres en morceaux, inondent les canaux de communication de SOS Chrétiens d'Orient. Puis l'énorme explosion, et son champignon diabolique, arrivent sur les réseaux sociaux. C'est le port, indiquent les commentateurs. Le port qui jouxte le quartier de La Quarantaine et dont nous soutenons l'hôpital depuis des années. Le port qui ouvre sur Mar Mikhael et Gemmayzeh, dont je sais tous les bars et où je fêtais la nouvelle année le 31 décembre dernier.

Tout était déjà à craindre pour le Liban.

La désunion des factions chrétiennes, la violence de la défiance internationale contre la livre libanaise et ses effets inflationnistes, l'irrésolution de la communauté internationale à réinstaller le million de réfugiés syriens présent au pays du Cèdre, formaient un cocktail misérable. Mais le port ? Et cet entrepôt à quelques mètres des quartiers résidentiels ? Et ces pompiers dépêchés à la mort dans un entrepôt dont chacun, lit-on, connaissait la dangerosité ?

Arrivé en urgence après l'explosion, je constate les dégâts psychologiques. Cette mère divorcée de Tripoli qui voudrait que la France lui accordât l'asile parce que son grand-père avait combattu dans ses rangs. Ce vétéran de la guerre civile qui voudrait s'exiler sans informer ses amis. Ce couple ayant reculé avant l'émigration et dont la petite fille est morte dans l'explosion. À Qaa, bastion chrétien à la frontière syrienne, les images d'une fille de 20 ans, morte en intervenant pour affronter l'incendie, étaient projetées sur la vierge qui protège la ville. Et ce médecin qui doit fuir son ministère pour assurer le financement d'un hôpital. Et cette jeune sommelière qui manifeste pour croire en l'avenir. Ce Liban meurtri n'a pas pansé ses plaies. Et le sang de ses enfants continue de se déverser ailleurs, loin, quelque part.

Combien résisteront à la tentation du départ ? Hicham bien sûr est prêt à parier sa carrière pour rester et aider à rebâtir son pays. Mais combien cependant, parmi les jeunes gens balayant les rues, déblayant les maisons, nourrissant les affamés, choisiront l'ardeur patriotique quand tout semble disparu dans la fumée du port ? Qui dépassera le dégoût des combinaisons politiques, vite rétablies, ce jeu à sommes négatives où l'Iran pousse son champion pour imiter les États-Unis, sur fond de lyrisme macronien ? On ne fait pas de politique au Levant avec des bons sentiments. Daesh est né comme ça.

Les masses manifestantes avaient bien raison de brocarder l'incurie de l'État libanais. Noyée dans ses contradictions, la classe dirigeante y néglige la vie de ses compatriotes avec une redoutable constance. Elle invente la « *fresh money* » alors qu'elle vient d'instaurer le contrôle des capitaux. Elle est prise dans un jeu entre Israël, le Hezbollah, la dette et les Turcs. Pire, certains croient que le bon Donald Trump sauvera les chrétiens du Liban. Comme si les trahisons américaines des guerres passées étaient oubliées…

SOS Chrétiens d'Orient a distribué des tonnes de nourriture, offert des centaines d'heures de travaux et de réconfort, alerté tous ses réseaux. De nombreux Libanais étaient à nos côtés. Mais cela ne comble qu'un peu les malheurs qui parsèment le pays.

À Beyrouth, personne ne croit que l'explosion est accidentelle. À Beyrouth, personne ne sait comment libérer le pays des emprises qui le désagrègent. À Beyrouth, beaucoup veulent s'enfuir. Ailleurs, vers une autre vie, vers une autre vocation. C'est la victoire de ceux qui veulent détruire le Liban.

Tant de peines pour faire un peu de bien

11 octobre 2020

Du Proche-Orient, j'aimerais ne vous décrire que les hommes, les paysages, les odeurs, et les contradictions. J'aimerais ne m'appesantir que sur les cœurs qui s'élargissent en découvrant des liturgies ancestrales et des ermites insoupçonnés. J'aimerais vous dire nos courses aux frontières et nos émerveillements quand nos volontaires atteignent les séminaires ou demandent le baptême.

C'est pourquoi je ne dis pas habituellement la peine qui envahit le cœur quand on fait le compte des déceptions devant l'église militante. Rien, je ne dis rien des consternations devant l'impolitesse de tel archevêque qui ne propose pas un verre d'eau à son confrère oriental venu lui rendre visite. Rien non plus de cet académicien qui donne la leçon aux patriarches résidant en Syrie au début de la guerre civile. Rien non plus de querelles, connues de quelques-uns seulement, pourtant tellement révélatrices des hypocrisies entourant les appels à l'engagement des laïcs.

Je ne dis rien de tout cela car un moine m'a dit un jour : « Quand sa mère est nue, on ne l'insulte pas, on la recouvre d'un manteau, et on la veille. » Je peux simplement témoigner des douleurs de l'âme devant les embûches et les lâchetés. Le Christ nous a prévenus, tenter de faire le bien ne va pas sans mal.

Quand cependant le mal sort du monde, la liberté est de mise. Au milieu d'une tablée, l'alerte sonne. Des pigistes vous bafouent. Ils ne connaissent ni les pays, ni les hommes dont ils parlent. Ils n'ont épuisé aucune route, aucune soirée, aucune fête à tracer un chemin pour proposer une parcelle de bien. Ils n'ont inauguré ni église, ni école, n'ont bâti aucun centre, offert aucun cadeau. Ils n'ont pas vu les enfants handicapés des montagnes de l'Irak ou les veuves de Mhardeh. Ils ne savent rien de cela. Ce n'est pas leur sujet, ce n'est pas leur monde.

Ils ont une bourse de George Soros, des positions dans des journaux financés par le milliardaire américain, des réseaux, ceux du magnat. Ils ont pour eux une mélodie qui assimile la gauche à la liberté et aux convictions, la droite à l'opprobre. Tout cela fait leur partage et même leur salaire. Alors ils vous insultent, ils travestissent l'évêque d'une ville martyre, fidèle à son troupeau au milieu des mortiers, en parrain douteux. Qui leur répondra qu'ils ne savent rien, qu'ils n'ont rien touché, qu'ils n'ont ni main, ni cœur ?

Qui pourra dire à cette jeunesse, issue des Instituts d'études politiques, que la vie orientale n'a rien à voir avec une lutte pour dégenrer les sanitaires et briser les statues ? Personne puisqu'ils n'écouteraient pas. Ce n'est pas leur sujet. Leur sujet est de salir, d'instiller, de corrompre. Leur sujet est d'humilier les chrétiens syriens, en armes pour que leur fille ne soit pas éventrée par un Tchétchène et leur fils pendu par un djihadiste aux papiers français. Leur sujet est d'humilier la génération qui se lève pour aider les chrétiens d'Orient, là-bas, dans la fournaise et le dénuement. Leur sujet est de violer les desseins les plus purs et les volontés les plus nobles. Il y a des démons de la presse qui ne supportent pas les beautés de la mission.

SOS Chrétiens d'Orient a tout traversé. Les guerres, les calomnies, les insultes, et même l'enlèvement de quatre de nos amis. Le fanatisme de la gauche française a durci notre peau et renforcé nos traits. Mais le soir, quand nos familles pleurent de ce qu'on dit de vous, une question nous taraude : parviendront-ils à noircir notre cœur ?

Puissent nos âmes s'en défendre, nos amis nous en prémunir, et la loyauté à tant de sacrifices librement consentis, obtenir de Là-Haut, la force qu'il nous faut pour souffrir comme doivent souffrir ceux qui savent ce qu'ils font.

Bénédiction à Bruxelles

11 novembre 2020

Mgr Najeeb a changé de vêtement. L'habit dominicain a laissé la place au costume épiscopal. J'avais croisé la blancheur de la tenue au milieu de la poussière des crises irakiennes, je la retrouve à Bruxelles, immaculée dans ses nouvelles attributions. Frère dominicain, il a été happé par l'Église chaldéenne, trop heureuse de nommer un homme de sa valeur au siège de Mossoul. Proposé par Thierry Mariani et Identité et démocratie au prix Sakharov qui récompense annuellement un défenseur des droits de l'homme au nom du Parlement européen, il a accepté de venir se présenter aux cénacles bruxellois afin de faire entendre la voix des chrétiens d'Orient.

Il faut imaginer la monotonie des couloirs européens. Les allures fantomatiques qui s'y croisent en une farandole aboulique. Ici, rien ne doit dépasser, ni croyance, ni idées. On a recréé la polysynodie pour en faire un modèle d'unanimisme, compromis et abdications au programme. Alors la voix libre d'un clerc oriental ne manque pas de détonner. Quand Mgr Najeeb clame : « J'ai plus peur pour l'Europe que pour l'Irak », la tranquillité baisse d'un cran. Et quand il bénit l'institution en araméen, c'est un édifice d'habitudes qui s'ébranle. Les techniciens se lèvent et on raconte qu'un journaliste se signa.

Mgr Najeeb n'est pas un excité. Il est libre. L'islamisme, il l'a défié du regard. La barbarie, il lui a rendu coup pour coup en sauvant *in extremis* le trésor des manuscrits syriaques, assyriens et arabes, de la Mésopotamie. Son œuvre est une forme de prière de la tradition : utiliser les outils numériques pour préserver l'usufruit des textes les plus ancestraux qui survivent entre le Tigre et l'Euphrate. Comme bien des Orientaux, il valse entre plusieurs langues, acculant l'interlocuteur par sa maîtrise des cultures européennes et son effronterie à ne communier à aucun politiquement correct. Un député rom lui tombe dans les bras dans les couloirs quand la droite espagnole de Vox lui consacre un long rendez-vous plein de chaleur. Miracles de la liberté.

L'archevêque de Mossoul n'emportera pas le prix Sakharov. À vue humaine, les gros groupes politiques européens donneront du poids à « l'opposition biélorusse », mieux préparée à figurer l'image d'une révolution. Mais il a déjà acquis beaucoup en défrisant les institutions européennes. Il a gagné des cœurs en se souvenant d'être toujours prêtre, il a bousculé des consciences en parlant de Dieu là où personne n'ose en prononcer le nom, il a contrebalancé des politiques en dévoilant leurs effets sur sa communauté. C'est beaucoup à l'échelle de la fadeur institutionnelle. C'est trop peu encore pour renverser la table. Mais qui sait comment germeront ses graines ?

La salle de méditation qui fait office de chapelle place du Luxembourg n'avait jamais été aussi pleine. Des forces adverses cessèrent de s'y épier au sermon. Des collaborateurs anonymes de l'institution se laissèrent toucher par une huile qui ne les prit pas de haut. De rudes lutteurs politiques laissèrent quelques instants leurs murailles se fissurer. Et si leurs actions pouvaient mener au bien, local et incarné, pour sortir des fumées usuelles de Bruxelles ? Ce n'était pas la première fois que le christianisme oriental tentait de ramener l'Europe à la raison, c'est-à-dire à la foi. Les martyres ne restent jamais sans effets.

Arménie, pays sans soutiens

12 décembre 2020

C'était déjà l'automne. Les journaux parlaient confinement mais quelques libertés s'exerçaient encore. Personne n'imaginait que le Premier ministre déciderait de la distribution de la communion et que des évêques lui donneraient raison. Là-bas, dans le Caucase, la mobilisation ne faiblissait pas. L'Azerbaïdjan avait bien prévu son affaire. La campagne présidentielle américaine, les gogos qui marchaient dans la révolution « des femmes » au Bélarus, la France engagée contre les Russes empoisonneurs. La route était libre pour mener l'assaut sur le Haut-Karabagh qui refusa son incorporation de force au pays par Joseph Staline, commissaire aux nationalités de la naissante Union soviétique.

Sur le podium, place du Trocadéro, les élus et les porte-voix enchaînaient les diatribes.

J'étais un peu au fond, entre Franz-Olivier Giesbert et des élus du conseil régional d'Île-de-France. Personne ne m'a reconnu. Quelques amis sans doute, venus maintenir leur flamme militante pour une cause lointaine, en faveur de laquelle le Quai d'Orsay ne piperait mot. Bakou avait décidément choisi le bon moment. Et Macron, pourtant statutairement membre du groupe de Minsk censé surveiller le conflit, avait d'autres préoccupations.

C'est loin, l'Artsakh. Presque exotique. Bon à emplir les catalogues de randonnées patrimoniales et les colloques de juristes. Et pourtant des jeunes gens donnèrent leur vie pour Stepanakert et Chouchi. Ils répétaient là le geste de leurs aïeux, prêts à mourir à 20 ans en attendant le règlement du conflit. En face, l'Azerbaïdjan. Un pays complexe, qui n'est certainement pas le parangon de l'islamisme que certains voulurent décrire. Mais un pays qui a compromis son action par le biais des pires alliances : Erdogan et son panturquisme – les drapeaux azéris flottaient partout en Anatolie –, les mercenaires syriens avides de continuer leur besogne criminelle…

François-Xavier et François-Marie, partis sur la ligne de front, n'ont pas de mots trop élogieux pour dire la foi des combattants et le désespoir des populations civiles, réfugiées dans des caves, attendant l'effet inéluctable de la supériorité financière et militaire de l'adversaire. À peine de retour au moment où je manifestais place du Trocadéro, ils avaient les plus vives angoisses sur le sort de leurs amis restés au front. Ils n'avaient pas tort. Et du défaitisme que les orateurs s'employèrent à prévenir, il ne serait bientôt plus question. L'exode vers l'Arménie attendait les rescapés, déplacés vers les froideurs de l'hiver et une terre de frères dont l'économie commence à peine à progresser. À Goris, les déplacés ont vu la guerre se terminer et leur terre revenir à l'Azerbaïdjan. Les cœurs saignent et les mères pleurent les soldats disparus.

Une fois la défaite consommée, le gouvernement français a fait savoir sa disponibilité à l'action. Une fois la Russie venue geler le conflit, deux stagiaires de Sciences Po, certainement épris de lutte intersectionnelle, auront commis une note sur le droit international, la diaspora arménienne et les cendres du groupe de Minsk.

La guerre est si lisible quand on ne l'étreint pas. La guerre est si puérile quand on ne la souffre pas. La guerre du Haut-Karabagh était trop lointaine pour la diplomatie écologiste.

La France s'est tue. Elle avait mieux à faire. La République a des combats à mener pour les droits des minorités au Kamtchatka, alors, les vallées de l'Artsakh…

Impuissance diplomatique

22 janvier 2021

Les Français ont raison de croire qu'ils sont les fils d'une grande nation. Aucune des vicissitudes de la politique contemporaine n'a définitivement entamé notre diplomatie. Contrairement à de nombreux voisins européens, nous n'avons jamais complètement abdiqué ni les aspirations à la fronde dans notre politique étrangère ni un appareil militaire qui appuie notre indépendance.

Certes, cela ne maintient pas la gloire d'antan. Et le bilan de nos effronteries reste famélique. Mais il demeure. À l'heure des risques afférents à l'établissement d'une administration Biden, ce n'est pas sans valeur.

Le maintien de ces parcelles de souveraineté est toutefois tributaire d'un appareil d'État dangereusement gagné par les maladies du siècle. Au Quai d'Orsay, beaucoup sont prêts à plaindre la persécution des Ouïghours sans regarder l'origine et les financements des études qui les concernent. Au Quai d'Orsay, beaucoup croient sincèrement qu'il faudrait réduire nos relations avec l'Égypte au motif que le président Sissi ne correspondrait pas aux canons de la démocratie libérale. Dans le marécage des intervenants médiatiques en politique étrangère, c'est la foire aux sanctions qui est à la mode. Un dirigeant vous déplaît ? Sanctionnez son entourage. Une assemblée souveraine travaille à une loi qui ne vous sied guère ? Appelez à son renversement depuis l'étranger.

Tout se produit comme si les restes de notre influence internationale étaient mis en péril par une armée d'esprits formés à l'air du temps.

Cela pesa certainement dans deux échecs récents de la diplomatie française. En Arménie d'abord, où notre participation au groupe de Minsk, censé surveiller le conflit du Haut-Karabagh, n'a compté pour rien dans nos réactions face à l'invasion de l'Artsakh par l'Azerbaïdjan. Il faut dire qu'il eût alors fallu travailler avec Moscou… que nos envoyés tançaient à cause de la rocambolesque affaire Navalny – du nom de cet opposant au Kremlin qui prétend avoir été empoisonné par les services russes – et de la « révolution » en cours en Biélorussie qui passionne le haut-commandement de l'OTAN. Au total, la France a participé au concert de provocations à l'égard de Moscou sur deux dossiers très éloignés de nos intérêts nationaux, qu'ils soient de puissance ou d'éthique, au détriment d'un organe de traitement des conflits qui aurait dû jouer un rôle d'apaisement et de sanctuarisation territoriale.

Les lectures conseillées pour les jeunes diplomates devraient comporter moins de rapports idéologiquement orientés d'Amnesty International et plus de contes comme *Pierre et le loup*.

C'est d'ailleurs exactement ce qui se passa à la suite de l'initiative d'Emmanuel Macron pour le Liban après la sanglante explosion du 4 août dernier. Le président de la République n'a épargné aucun effort, emmenant avec lui une foule hétéroclite d'experts et d'obligés d'État, et rappelant le lien historique entre la France et le pays du Cèdre. Mais il a aussi entamé une course folle dans la politique intérieure libanaise qui ne pouvait qu'affaiblir la position française. Professeur fouettant les élèves turbulents, il a confondu un pays et une classe, une nation et un marché, un problème fondamental et les aléas de la vie politique. Au final, la France n'a rien gagné et le Liban non plus, désormais prisonnier du fléau de l'émigration accélérée de ses élites, notamment chrétiennes.

Servir les chrétiens d'Orient reviendra donc en 2021 à assumer un double engagement. D'une part, dénoncer les persécutions et les discriminations dont ils souffrent – c'est bien le moins – mais autant le dire : il faut le faire avec leurs morts, leurs souffrances, la violence de leurs adversaires, en refusant d'édulcorer ce qui ne doit pas l'être. D'autre part, dénoncer les fumisteries des idéologues qui ternissent le choix capétien d'une farouche indépendance. Car c'est à ce prix que la France goûtera aux joies de l'action plutôt qu'aux misères du commentaire.

Amer anniversaire

11 février 2021

En 1821, la Grèce se soulevait en faveur de son indépendance. Le 25 mars prochain nous fêterons les deux cents ans des débuts de son affrontement avec l'Empire ottoman. Et il y a peu de chance qu'Erdogan se munisse d'un Benjamin Stora local pour se repentir des actions ottomanes contre cette insurrection. Elle devait aboutir à la conférence de Londres en 1830 et donc à une victoire diplomatique des Hellènes.

L'Union européenne ne semble pourtant pas très désireuse de fêter l'événement. Elle aurait pourtant là motif à affirmer que, pour une fois, la coopération diplomatique entre les nations aura permis l'indépendance d'un des actuels États membres. L'Autriche n'en fut pas ravie, mais elle céda. Las, l'Union européenne sort d'un moment de présidence allemande où tout aura été fait pour apaiser les relations de Bruxelles et de la Turquie. Un nouvel épisode du tropisme germanique en faveur de l'alliance avec Ankara.

Il faut se souvenir pourtant de l'escalade verbale amorcée au cours de l'été par l'illumination d'une frégate de la marine française par la marine turque. Certes, l'événement n'avait déjà pas abouti à la solidarité européenne et l'OTAN avait même refusé de soutenir la France. Mais tout de même, la commission européenne aurait pu prêter l'oreille au discours du calife qui affirma le 30 août 2020 : « Le peuple français sait-il le prix qu'il devra payer à cause de ses dirigeants cupides et incompétents ? » (*La Libre Belgique*). Il continuait d'ailleurs le 5 septembre : « Nous en avons assez de ces jeux d'ombres. Ça devient comique de mettre en face d'une puissance régionale et internationale comme la Turquie un État qui ne se suffit même pas à lui-même. Tous les fronts hostiles peuvent s'unir, ils ne pourront pas stopper l'ascension de la Turquie » (Radio-télévision de Turquie – TRT).

Après l'assassinat de Samuel Paty, quelques puissances européennes y allèrent tout de même de leur soutien à la France. Histoire de faire bonne mesure et, certainement, de dissimuler l'action initiée en coulisse. Dans le même temps, Heiko Maas, ministre des Affaires étrangères de l'Allemagne, multipliait les contacts prônant l'apaisement avec la Turquie. À tel point qu'à la fin de l'année 2020, un début de lune de miel se noua entre Ankara et Berlin, si bien que lors d'une rencontre organisée ce 18 janvier, le ministre ne trouva rien à redire quand son collègue turc, Mevlüt Çavuşoğlu, menaça Athènes en cas de résistance au chantage turc en Méditerranée.

La Grèce de réagir en affirmant que : « Si Heiko [Maas] a compris les propos de M. Çavuşoğlu et est resté silencieux, alors nous avons le droit d'indiquer qu'il ne s'agit pas d'une réaction adéquate de la part d'un représentant européen. » Et nous ne doutons pas qu'Heiko avait compris.

La Turquie continuera donc son chemin expansionniste. Elle est riche d'une politique nationaliste, d'un président largement apprécié par sa base et de l'aveuglement occidental. Certains racontent même que le mythe du couple franco-allemand continue à être enseigné à l'école… c'est dire !

Face à elle, l'Union européenne demeure fidèle à son inconsistance stratégique. Quant à la France, elle tenta certes de tenir plus ferme que ses voisins européens. Piégée dans l'OTAN, incapable de résister à la présidence allemande de l'Union européenne, affaiblie par la religion des droits de l'homme, elle subit une humiliation diplomatique indéniable.

Les chrétiens de Turquie en souffriront infiniment. À Chios, où l'on se souvient des massacres ottomans, le soleil continuera à briller. Jusqu'à la prochaine provocation turque ?

La seule liberté : le vrai

18 mars 2021

Tout ce qui est nu n'est pas libre. Tout ce qui est masqué n'est pas brimé. Tout ce qui est moral n'est pas saint. Tout ce qui est saint n'est pas caché. Tout ce qui est persécuté ne crie pas.

Le jeune Occidental ne peut être insensible aux sirènes de l'authenticité. Dès l'enfance, le bain d'émotions factices qui forme son quotidien travaille à sa dissolution. Heureusement, l'engagement, la famille, les héritages et les devoirs l'extirpent parfois des rétrécissements de l'âme. Des parcelles de liberté demeurent et lui rappellent que l'air n'est pas le seul élément corrompu de son quotidien. Et ces parcelles, souvent écloses par un amour naturel des choses bonnes, peuvent conduire aux plus beaux élans. J'ai vu des garçons tremblotants, à peine majeurs, tenir ferme dans nos antennes les plus reculées du Proche-Orient. Et des demoiselles auxquelles leurs parents n'auraient jamais laissé subir la moindre douleur, se dresser au milieu de la rue arabe, sans arrogance mais avec un formidable aplomb.

Ces parcelles portent aussi un poison. Ce poison est une idée, le relativisme. Le Kurde fier qui combat aux confins de l'Irak, de la Syrie, de la Turquie et de l'Iran. La mère arabe, remisée dans son camp de réfugiés, où tout manque, surtout l'ombre, mais qui s'obstine à défier du regard l'impiété supposée des visiteurs européens. Le soldat hagard des milices irakiennes, transporté au cœur de la plaine de Ninive, tout plein de sa rage chiite et vengeresse, des siècles plus tard, de la mort d'Hussein. Tant d'autres aussi, croisés dans les bidonvilles ou les montagnes, au désert comme sur les routes les moins aérées, qui éveillent une étonnante jalousie dans nos cœurs fatigués.

De là, la glissade est vite arrivée. Les uns protégeraient trop violemment la spontanéité de leurs mœurs. Les autres seraient bien aises de ne pas goûter aux joies hypocrites de la conjonction du féminisme global et de la pornographie de masse. Après tout, une civilisation dont les aliments spirituels sont des cachets et des dérivatifs obscènes est-elle encore fondée à juger qui que ce soit ?

Beaucoup s'égarent dans cette méditation. À Dubaï, le baigneur d'occasion, rentrant de Bagdad, se balade en caleçon au milieu des burkas. À Beyrouth, le décolleté le plus osé côtoie la chape la plus sombre, et ailleurs également, où la confrontation des deux fanatismes contemporains, du nu et du couvert, de l'obscène et de l'archaïque, voudrait épuiser les manières de sentir. Qui blasphème quoi ? Qui annihile la liberté de qui ? Des cœurs trop juvéniles pourraient s'y perdre.

C'est alors qu'il faut accepter de trancher et regarder en face ce que les archaïsmes veulent dire. Sentir bien fort que la loi pakistanaise sur le blasphème n'a aucun rapport avec la défense de l'ordre social, et tout avec l'injustice d'État. Sentir puissamment que si la liberté n'est pas la débauche, elle ne sera jamais la dissimulation par décret et la prohibition par haine. Sentir aussi que si Montalembert pouvait graver sur sa tombe que « les fils des croisés ne craindraient pas ceux de Voltaire », il le fit aussi parce qu'il pouvait vivre – oh pas toujours joyeusement mais vivre quand même – à côté de ce voisinage. C'est une liberté en soi.

Il faut connaître l'Orient jusqu'en ses ésotérismes. Jusque dans le temple druze de Soueida et jusqu'aux tours du silence de Yazd. Il faut les connaître pour aimer ceux qui y vivent. Mais de l'amour chrétien de la charité, de celui qui s'épuise à discerner pour offrir autre chose que des relativisations. On meurt encore en Orient parce qu'on aime le Christ ou qu'on veut le rejoindre. Aucune authenticité des bourreaux ne rendra jamais cela beau. La beauté des martyrs tient en la vie qu'ils donnent. Pas dans le conservatoire sanglant de ceux qui la leur ôtent.

Tout ce qui décide librement de mourir pour notre Dieu est beau. Tout ce qui veut la mort au nom de dieux d'occasion ne l'est pas.

Aristote est bien léger

21 avril 2021

Le 25 mars 1821, la Grèce entamait la longue lutte qui la mènerait à se libérer du joug ottoman. Dix années de guerre allaient continuer cet engagement fondamental. L'empire de l'époque était imposant et les patriotes durent affronter des troupes venues d'Égypte, et d'autres limes de son extension.

Je concède ne m'enflammer que médiocrement pour Lord Byron et l'engagement romantique. J'ai trop croisé d'infirmités existentielles qui crurent que l'étranger les laverait de leurs blessures… quand rien d'autre qu'eux-mêmes ne pouvait vouloir les panser. Mais quel moment de l'histoire continentale ! Quel élan pour nos origines que les martyrs de Chios et les volontaires du Péloponnèse ! D'ailleurs, le génocide arménien ne connut pas ses débuts dans les quartiers grecs de la Turquie par inadvertance.

Dix années de guerre et deux cents années d'indépendance. Pour quel écho dans le monde contemporain ? Questionnée par un député ou l'autre, la nomenklatura bruxelloise fit savoir qu'elle ne s'associerait que sur invitation aux réjouissances. Seul dirigeant d'une nation phare de l'Europe de l'Ouest, Emmanuel Macron a plutôt dignement célébré l'événement. À vrai dire, avec un peu plus de cran, le locataire de l'Élysée figurerait souvent un médiocre épigone de Byron. C'est cependant une autre question.

Pourquoi un tel silence d'une entente continentale pourtant si désireuse d'inventer des moments d'unité ? À l'heure où le secrétaire d'État américain, le terrible Blinken, amorce ses visites internationales, le moment eût été plutôt choisi pour célébrer l'allié grec. Lasse, la Grèce est une amie encombrante.

D'abord, elle ne plaît pas à l'Allemagne. S'il exista un jour une culture européenne, elle fut sa seule matrice. Ça ne plaît ni au nationalisme de Fichte, ni aux rodomontades des préfets de Merkel. La crise financière aidant, Berlin fit son choix. Il fallait massacrer la Grèce et accélérer la prospérité turque.

Ce ne fut après tout que la répétition d'une stratégie éculée avant 1914 et après 1933.

La Grèce abaissée, la Turquie fut toujours plus avide. On peut excuser l'Allemagne, qui ne connaît pas le précédent Aristide Briand. Alors la Turquie d'Erdogan multiplia les incursions, les ruptures de souveraineté, les provocations dans les Cyclades. Dernière équivoque en doute, l'île de Chypre vient de rejoindre les urgences d'Ankara. Pour beaucoup d'observateurs, le centenaire de la Turquie moderne pourrait donner prétexte à un référendum pour absorber une partie de l'île au sein de l'État turc. Si la faiblesse – et en réalité la discrète complicité – de l'Union européenne perdure, on pourra même y voir une forme de soutien tacite.

Chacun comprendra bien que Bruxelles n'en fasse pas beaucoup pour célébrer l'anniversaire de l'émancipation d'un de ses États membres. Aristote ne pèse pas grand-chose entre Erdogan et la BCE. Byron, quant à lui, est toujours aussi lointain. Les moines des Cyclades rejettent toujours les fiancées dévêtues. C'est mal, pour tant de nos contemporains.

Il vaut mieux fermer les yeux sur nos compromissions internationales avec un pouvoir qui nous veut le plus grand mal. Après tout, Washington aime Ankara, l'Union européenne lui délègue ses risques migratoires, et le monde arabe se laisse séduire par son potentat.

Dernièrement, Erdogan proposait aux Libanais qui se reconnaîtraient une ascendance turque d'en obtenir la nationalité. Si nous lâchons un Grec, nous lâcherons bien un Levantin ?

Un empire haineux

9 mai 2021

C'était le 24 avril 1915 et les puissances européennes s'entretuaient. L'Empire ottoman, chéri de l'Allemagne, multipliait les défaites. Puissance finissante, l'Empire était défait et secoué par des dissensions identitaires et politiques fondamentales. La maçonnerie nationaliste des Jeunes-Turcs et les préjugés islamistes allaient s'allier et accoucher de l'horreur.

L'Empire subissait les défauts de sa structure. Il ne pouvait comprendre la supériorité de la Russie. Il chercha donc un bouc émissaire. Les Arméniens étaient au front, comme tant d'autres sujets ottomans. La suspicion étant entretenue par la défaite, la haine allait connaître sa sanglante déflagration. C'est le 24 avril 1915 : six cents notables arméniens de Constantinople furent massacrés. Le sang appelait le sang. L'horreur exigeait la barbarie. Le fanatisme, dissimulé ou maquillé, avalerait les réticences naturelles devant l'ignominie.

Constantinople, Mardin, Diyarbakir et tant d'autres cités furent les lieux des sévices les plus révoltants. Leurs enfants sont partout, qui ont dû fuir l'Anatolie où, par exemple, les Arméniens représentaient près de 40 % de la population. De l'Égypte aux confins de la Bekaa, de l'Europe occidentale à Erevan, leur mémoire a généré une géographie paradoxale.

Il faut imaginer la flamme du souvenir sur les hauteurs d'Erevan, où tout un peuple, arborant son myosotis, grimpe annuellement pour pleurer ses ancêtres si cruellement persécutés. Ce pèlerinage vibre de tous les récits, fort d'une transmission douloureuse, où les plus jeunes écoutent, écœurés, le récit pathétique des anciens. Les fleurs se suivent, déposées en vagues dignes, sans austérité toutefois. L'Arménie a connu d'autres douleurs depuis ce macabre 24 avril.

Jacques Rhétoré a collationné les témoignages et procuré le sien dans *Les Chrétiens aux bêtes – Souvenirs de la guerre sainte proclamée par les Turcs contre les chrétiens en 1915*. Les éditions du Cerf l'ont opportunément redécouvert. Le lecteur aurait peine à imaginer le calvaire des colonnes chrétiennes déportées vers le désert syrien. Les femmes violentées. Les enfants abandonnés à des familles musulmanes par la contrainte ou par le sacrifice maternel qui voulut préserver leurs vies. Les hommes battus, martyrisés, les anciens humiliés.

La Sublime Porte donnait là une démonstration flagrante du mensonge sur lequel se fonda la propagande ottomane. Non, l'empire composite n'effaça jamais les confessions religieuses et les différences communautaires qui existèrent en son sein. N'avait-il pas d'ailleurs préparé son crime en affamant la montagne maronite libanaise peu avant le déclenchement du génocide ? C'est pourquoi il convient de rappeler inlassablement que le joug ottoman n'épargna aucune confession chrétienne : grecs, syriaques, assyriens, chaldéens, furent aussi victimes de cette déflagration barbare. Depuis 1915, d'ailleurs, l'Orient ne finit jamais de portraiturer les chrétientés en bouc émissaire évident de ses errements.

Joe Biden a annoncé que les États-Unis reconnaîtraient bientôt le génocide arménien. Cette initiative mémorielle ne doit pas cependant dissimuler la réalité du silence américain sur les similitudes actuelles entre l'appétit de la puissance turque et la rhétorique de l'Empire ottoman finissant. Comme les Jeunes-Turcs, Erdogan cherche à fouetter le patriotisme par le lointain : Balkans, Libye, îles méditerranéennes subissent ses projets. Comme en d'autres temps. Et comme en d'autres temps, bien des puissances sont occupées à regarder ailleurs. L'histoire enseigne que l'impérialisme d'Ankara sera victime de son hubris. Qui sera demain le bouc émissaire de sa folie ? Qui, comme l'Allemagne d'alors, partagera la honte d'avoir soutenu une puissance capable de telles entreprises ?

Ces questions devraient agiter quelques puissants. Comprennent-ils l'histoire qu'ils commémorent ?

Croisades et effacements

31 mai 2021

Penchez-vous sur le Proche-Orient sans renier ni votre catholicisme, ni l'héritage de vos Pères, et l'on vous brandira immédiatement le procès en nouvelle croisade. Nostalgiques, naïfs, esprits rétrogrades, les noms d'oiseaux s'étaleront dans toute leur variété. Les fulminateurs ne s'embarrassent pas d'intelligence historique, ils ont pour eux la rumeur qui tient, depuis quelques décennies, l'épopée des croisades pour une démonstration de la barbarie du monde chrétien.

Le château de Beaufort, la forteresse de Kerak, les splendeurs du krak des Chevaliers, dans leurs vestiges et leur superbe, sont pourtant bien éloignés de la bestialité. À l'inverse, l'abandon des sociétés européennes de leur attachement, si féroce fut-il, à Jérusalem, n'a pas conduit la ville à l'apaisement espéré. Les récents événements le démontrent avec éclat.

Au temps du décolonialisme, la croisade jouit de moins d'attraits. Il est au Proche-Orient des appropriations culturelles que chacun devrait révérer et des entreprises de préservation qui mériteraient un repentir assidu et permanent.

Le livre de Gabriel Martinez-Gros, *De l'autre côté des croisades*[12], vient nous permettre d'y voir plus clair. Dès l'introduction, il rappelle que « pour les historiens arabes les plus lucides, ce que nous appelons les croisades entre dans le récit plus vaste de l'effondrement de l'Empire islamique ». Il rappelle à cet égard les passionnantes méditations de deux historiens arabes : Ibn al-Athîr et Ibn Khaldûn. De la théorie complète de l'un à l'effroi devant la disparition d'un monde de l'autre, le chercheur tire plusieurs leçons qui offrent, pour l'Européen, l'occasion de décentrer son regard des culpabilités que certains voudraient lui faire porter pour en arriver à la compréhension du moment. Entre la vigueur anémiée des cartels dirigeants de

12. Gabriel Martinez-Gros, *De l'autre côté des croisades*, éditions Passés Composés, 2021.

certains royaumes musulmans et l'énergie trépidante et sanguinaire des chevauchées mongoles, c'est tout un déplacement du pouvoir qui s'opéra dans l'Empire islamique. La Perse, puis Bagdad, Damas enfin, virent leur superbe ravie par Le Caire. Jérusalem, à cet égard, ne détenait pas l'importance que les latins lui conféraient. Rappelons ainsi que le sultan Al-Kâmil n'offrit pas pour rien à Frédéric II Barberousse la paix en Égypte contre la domination à Jérusalem en 1229 par l'accord de Jaffa. Saint Louis ne débarqua pas non plus pour rien au pays du Nil tant les Ayyoubides opinaient nettement de l'autre côté de la mer Rouge pour asseoir leur puissance.

L'auteur de fournir cette explication : « Ainsi considérée, l'histoire des croisades nous ôte beaucoup de notre culpabilité et beaucoup de notre importance. C'est ce qui la rend si difficile à admettre. Nous préférons être coupables, si c'est le prix à payer pour rester au centre de l'histoire. » Comme toujours, notre regard sur le passé informe notre implication dans le présent. Le rapport aux croisades dans les « élites » intellectuelles et dirigeantes frottées de Proche-Orient n'y déroge pas. Georges Corm place la chose sous le signe de l'émotion en écrivant, dans son *Histoire du Moyen-Orient*[13] : « Les croisades constituent un moment émotionnel toujours présent aujourd'hui dans la conscience des Européens et des Moyen-Orientaux. » C'est cependant une émotion qui ne vient plus de la même vibration : quelques Orientaux en font un motif de revanche quand la plus grande partie des Occidentaux portent cet héritage comme une cliquette.

Là où Corm apporte un propos essentiel, c'est plutôt quand il rappelle la « coupure si irrémédiable » entre le monde latin et le monde byzantin. Déjà, le soupçon aurait pu poindre quand l'empereur Jean Tzimiskès avait détourné ses troupes de Jérusalem pour sécuriser des ports levantins en 975. Voulait-il cependant autant que les Arabes et la chrétienté latine dominer la Méditerranée tant convoitée ; et dont la maîtrise continue d'orienter nos politiques internationales ? L'Europe d'aujourd'hui ne ressemble-t-elle pas d'ailleurs à l'Empire romain d'Orient d'alors dans cet atermoiement ? Elle est sans doute trop couarde pour embrasser l'énergie

13. Georges Corm, *Histoire du Moyen-Orient*, La Découverte, 2007.

d'un Urbain II dont René Grousset nous rappelle l'impressionnant défi : « On ne soulève pas l'Europe, on ne bouleverse pas la face du monde sans entraîner des remous[14]. » Qui sont les catholiques européens qui ne craignent pas les remous ?

14. René GROUSSET, *L'Épopée des croisades*, nouvelle édition, Tempus, Perrin, 2017.

Mirages sanglants et hypocrites

13 septembre 2021

Nos téléviseurs ont déployé l'image de la curée occidentale en Afghanistan jusqu'à la nausée. Au masochisme de l'ouest, les Talibans ont répondu par un sadisme sournois, mimant des codes linguistiques, abreuvant les caméras d'expressions préfabriquées, promettant ce que le monde voulait entendre.

Le consommateur d'informations internationales fut pris de stupeur. Tout se mélangeait en effet dans la présentation des événements : des troupes de combattants hirsutes, aux mœurs barbares, venaient de l'emporter sur vingt années de formation des armées afghanes par les experts occidentaux. L'OTAN, les États-Unis, Hollywood, tout le concert de la puissance, et d'image et de feu, avait pourtant coalisé ses efforts pour parfaire la greffe démocratique libérale. Les meilleurs experts, les savants d'aéroports, les mercenaires, les humanitaires, les « journalistes féminines défiant le regard arriéré d'une bande de sauvages », tout était en place.

Pourtant cela n'a pas fonctionné. Le même échec, constamment renouvelé, scande l'actualité orientale avec une remarquable constance. Irak, Printemps arabe, Syrie, Libye, Afghanistan, rien ne va. La même candeur, les mêmes reportages, les mêmes témoignages, la même émotion factice sont travaillés avec un savoir-faire éculé. Il suffisait de lire, au soir de l'envahissement désespéré de l'aéroport de Kaboul, les grandes déclarations sur l'avenir des filles et des femmes du pays par tout ce que la planète compte de bonnes consciences. Les mêmes n'avaient rien trouvé à redire des menées préparatoires entre Doha, les États-Unis, et quelques autres capitales, et dont aucun analyste sérieux ne doutait des conséquences.

Il est possible de disserter sur des pages entières de ce nouveau « signe des temps » géopolitique. L'idiote arrogance yankee, les crimes du néo-conservatisme, l'aveuglement des capitales pour les situations diplomatiques locales – ici, singulièrement, le rôle malfaisant du Pakistan –, les laissés-pour-compte européens, le sort des interprètes, rien ne doit manquer à l'analyse. Elle aura ses singularités. Elle aura son originalité. Elle nécessitera évidemment de se souvenir du traumatisme des attentats du 11 septembre 2001. Elle aura surtout un aspect rébarbatif.

Déjà, les réseaux sociaux bruissent des aberrations économico-politiques tentées sur place. Les programmes inclusifs, le développement de la citoyenneté ouverte, les formules creuses d'une science politique d'opérette abreuvée de millions pour chercher sa validation sur un parc exotique. Cette folie dépensière n'est ni colonialiste, ni naïve. Elle n'est rien d'autre que la signature de la disparition de l'idée de nature humaine dans les sociétés occidentales. À vouloir imposer les névroses universitaires sur des communautés brimées par l'islamisme, l'Occident a sapé ses propres efforts et abreuvé la propagande de ceux qui avaient besoin de désigner nos amis comme des agents de l'étranger. Ces névroses sont au cœur des cancers de nos politiques étrangères : démocratisme idéologique, ignorance de la foi et de sa force, rupture avec le temps long, incapacité à comprendre des cultures et des civilisations qui ne sont pas nivelées par l'uniformisation mondialiste.

Pourquoi me persécutes-tu ?

Il faut pleurer ces corps qui tombent des avions. Il faut souffrir avec les mères qui ont perdu leurs fils partis tenter l'aventure à l'aéroport de Kaboul. Il faut magnifier la mémoire de ceux qui ont encore suffisamment de cran pour donner leur vie là-bas. Notre nature nous le commande. Elle commande également de dénoncer avec les termes les plus crus l'aveuglement assassin de ceux qui brandissent les mêmes mirages à Bagdad, à Beyrouth ou à Damas. Cela fait deux décennies que toutes les incursions de l'Occident à l'est de la Méditerranée se soldent par des désastres. Cela ne peut pas nous laisser tranquilles.

Qui se soucie vraiment du Liban ?

14 octobre 2021

Le vendredi 10 septembre 2021, Najib Mikati, Premier ministre désigné du Liban, annonçait une nouvelle que beaucoup d'observateurs n'espéraient plus depuis le 4 août 2020 : il était parvenu à former un gouvernement. Il est vrai qu'après des mois d'imprécations internationales sur le renouvèlement de la classe politique du pays, ce n'est pas la nouveauté qui impressionne dans cette nouvelle sélection.

Ce gouvernement existe après avoir été réclamé par tous les États, toutes les institutions internationales, dont le FMI, dont la fin des facilités pour le Liban avait grandement aggravé la crise économique dans le pays. C'est peu dire que l'équipe désignée ne reçoit pas les louanges d'une large partie des Libanais. Ainsi, Samy Gemayel, chef des Kataëb, a déclaré que ce « n'était pas un tournant politique » et que « le véritable tournant politique sera aux mains des Libanais en mai », date des prochaines élections législatives.

Depuis le mois d'octobre 2019, les Kataëb sont en pointe dans la participation aux manifestations exigeant la refondation de la vie politique libanaise et épousant une série de demandes sur l'assainissement des pratiques financières dans le pays. De nombreuses autres personnalités de renom expriment cet avis.

De nombreuses autres rappellent cependant des éléments qu'il ne faudra pas oublier. Le respect absolu de la souveraineté du Liban, condition *sine qua non* à la restauration d'un minimum de confiance entre les camps politiques, doit obliger l'ensemble des observateurs. Rien n'est plus ridicule ou contreproductif pour l'harmonie politique du pays que le concours de réclamations de sanctions internationales contre ses adversaires. Si l'avenir du Liban se décidait unilatéralement à Téhéran ou à Washington, aucun observateur raisonnable n'aurait d'espoir réel dans l'avenir de la solution politique.

Les manipulations monétaires, l'asphyxie

du pays par les mécanismes de sanction pour pilonner l'économie syrienne, l'installation de plus d'un million de réfugiés syriens, quasiment exclusivement de confession sunnite dans le pays, ne peuvent être que des facteurs de déstabilisation de la société libanaise. Il appartient aux seuls Libanais de désigner les responsabilités, de « dégager » ceux qui doivent l'être, de faire appliquer les exigences de désarmement inscrites dans les accords de Taëf. Ce sont eux, et eux seuls, qui doivent être les acteurs de cette refondation. Les partis chrétiens (Courant patriotique libre de Michel Aoun, Forces libanaises de Samir Geagea, et Kataëb) semblent d'ailleurs s'accorder pour exiger le maintien du vote des Libanais de la diaspora qui serait actuellement contesté.

Le patriarche maronite Bechara Raï déclarait quant à lui, après la formation du nouveau gouvernement, que « le gouvernement donne une lueur d'espoir aux Libanais qui souffrent ». Les termes sont mesurés et intéressants. Ils soulèvent en effet la question d'une possibilité de la fin des réticences diplomatiques à œuvrer avec Beyrouth. Ils laissent également entendre que cette possibilité pourrait ne pas être utilisée pour le bien commun du pays. Il y a pourtant urgence tant la classe moyenne libanaise, et tout spécialement les chrétiens, sont poussés à l'exil par désespoir et exaspération.

Nour ou la coquetterie pétrifiante

15 novembre 2021

Les années passent et les débats médiatiques sur le drame syrien s'éternisent en écœurements primesautiers ou en dissertations nuageuses. Ceux qui affirmaient, fiers d'eux, que le président Bachar el-Assad n'en avait que pour quelques mois, peu après 2011, dispensent encore leurs élucubrations sur les plateaux et dans des missions coûteuses pour les États comme pour les entreprises. À croire que la pertinence et la vérité de leurs vues comptent moins que leur conformité à quelques présupposés dogmatiques.

Les sanctions américaines et européennes étouffent discrètement un peuple à peine remis d'une dizaine d'années de guerre civile mais les acteurs usuels, *Human Right Watch* ou les affidés des chancelleries turque et américaine, continuent leurs démonstrations accablantes. Il existe tout un monde qui ne pardonnera jamais à ceux qui ne se réjouirent pas des tentatives d'imposition de gouvernements « Frères musulmans » partout où cela était possible en 2011.

Anne-Lise Blanchard dispose de bien des atouts en comparaison de ces voix pontifiantes. D'abord, elle n'a jamais cessé de sillonner la Syrie depuis 2014 avec l'association SOS Chrétiens d'Orient. Ce n'est pas à la mode chez Mediapart mais cela donne une vue plus sérieuse de la situation que la collation de dépêches écrites depuis Beyrouth. Ensuite, Anne-Lise est un trésor de délicatesse. Formidablement énergique, elle a la souplesse de la danse et la fermeté des amoureuses de la langue exacte. Enfin, Anne-Lise ne craint aucun sujet : islam, rapport au pouvoir, à la politique, à la guerre ; elle n'esquive rien des tabous syriens comme elle ne craint pas grand-chose des compromissions républicaines.

Ces atouts mis en musique nous offrent un ouvrage passionnant : *Syrie. Les femmes parlent*[15] chez Investig Action. Anne-Lise

15. Anne-Lise BLANCHARD, *Syrie. Les femmes parlent*, Investig Action, 2021.

Blanchard y dépeint des visages et des consciences jetés dans la tourmente du conflit syrien. Ni Damas, ni Alep, ni le Qalamoun, ni la vallée des chrétiens ne manquent à son entreprise. Les forces s'altèrent, les traits se durcissent, les souffrances évoluent avec une sourde espérance : sortir de la guerre. Comme l'écrit Éric Denécé en préface : « Finalement, en s'en prenant au peuple, la coalition occidentalo-islamiste n'a fait que renforcer son soutien au régime, lequel n'était pas forcément aussi marqué avant 2011. Entre deux maux, la majorité des Syriens ont choisi le moindre. »

À chaque page le lecteur croise une femme libre, affichant son égalité salariale et professionnelle, matraquant sa volonté d'effacer le sectarisme, affirmant son amour de la culture (théâtre, littérature, musique). C'est Zoubeida, la vice-doyenne de l'université d'Alep qui « ne voulait pas laisser sa famille en danger ni son pays ». La traductrice de Gide et de Genet resta donc sous les bombes islamistes ignorées de *Télérama* et encouragées par les chancelleries européennes. C'est Zeina qui affirme qu'elle ne se sentira pas en sécurité tant que la province d'Idlib sera infestée de djihadistes. C'est ce photographe d'Alep qui maintient coûte que coûte son exposition internationale. Ce sont ces jeunes épris de culture qui gravitent autour du centre culturel ouvert par SOS Chrétiens d'Orient à Alep. Toute cette farandole respire la volonté de vivre et de s'attacher au raffinement à proximité de la barbarie, de choisir l'espérance quand une coalition du silence voulut décrire leur résistance comme un crime contre l'humanité. C'est Nour aussi, « une jolie jeune fille dont on devine que sous la coquette apparence, le for intérieur s'est pétrifié ».

La coquetterie contre la barbarie. La pétrification comme seul remède aux mensonges d'un monde qui asphyxie économiquement et socialement un pays qu'il avait voulu vouer aux groupes les plus fanatiques. Sortir des nuées et connaître toutes ces Nour est le meilleur antidote qui soit à toutes les manipulations fomentées sur la situation syrienne.

L'odeur de sainteté

20 décembre 2021

Le docteur Adel ne paye pas de mine. Ce n'est pas un héros de série américaine ni un tombeur. Cet Égyptien copte de 72 ans n'est extérieurement plus un jeune premier. Son sourire angélique est le seul attribut qui le ferait remarquer dans une capitale européenne. Là, l'observateur scruterait pour une fois les effluves de la joie intérieure. Cette joie chrétienne, mordante et tendre, qui offre la liberté face au monde en nourrissant l'inquiétude pour ses membres.

SOS Chrétiens d'Orient connaît bien le docteur Adel. Les dirigeants profitent de ses colloques et les volontaires de son infatigable énergie. C'est à l'amitié de Marie-Gabrielle Leblanc, critique d'art chez *France catholique*, que nous devons sa rencontre. Personne ne sort véritablement indemne de la fréquentation de celui qui fut le bras droit de Sœur Emmanuelle pendant une vingtaine d'années. Marie-Gabrielle Leblanc résume d'ailleurs sa popularité dans sa préface au livre-témoignage d'Adel Ghali, *L'Appel du royaume*[16], paru chez Artège : « Docteur Adel ! Tout le monde le connaît, chacun le hèle, l'accroche au passage, pour lui confier tel ou tel maux dont il souffre. »

Les pauvres ont la dent dure. Ils reconnaissent mieux que personne les faussaires et les exploiteurs, les jobards et les louches. C'est pour cela que la reconnaissance des pauvres est tellement précieuse. Elle est soucieuse, rare, infinie. Qui a vu le docteur Adel sortir du métro du quartier bidonville d'Ezbet-El-Nakhl sait combien notre homme en est paré. Pas un pas, pas un mètre sans un signe, un hochement, une embrassade ou une confidence. Plus on s'approche du cœur nucléaire pestilentiel du quartier des chiffonniers, souvent fort d'une dizaine de minutes de touk-touk, mieux on comprend que l'homme s'habitue à tout, surtout au pire, et que le bien chasse toujours le mal, comme

16. Docteur Adel GHALI, *L'Appel du royaume*, Artège, 2021.

l'odeur de sainteté s'impose aux pestilences.

Dans son récit, le docteur Adel conte sa rencontre avec la détermination de Sœur Emmanuelle, sa jeunesse classique de la classe moyenne égyptienne et ce grand chamboulement qui lui aura donné envie de tout quitter. Jamais l'homme ne fait dans le pitoyable. Son premier chapitre, intitulé « Merveilleux », explique les immenses progrès qu'il décèle sur le plateau du Mokattam pour la condition sociale des habitants. Il faut le voir pour le croire…

C'est bien cela, le docteur Adel, un cœur qui s'émerveille de tout mais sans naïveté. Le Français qui croirait en effet parcourir nonchalamment un énième récit cauteleux de la biographie de Sœur Emmanuelle sera vite déçu. Les anecdotes sont précises et les réflexions ne cessent de fuser : « Une espèce de brouillard froid semble s'être abattu sur l'Europe. On dirait que les âmes ont des rhumatismes », ou, sur les tourments confortables d'une certaine bourgeoisie française : « Il faudrait peut-être une association comme SOS Chrétiens d'Occident pour les aider à revenir à une foi plus simple. »

L'admonestation est vigoureuse, à la hauteur de la tendre foi du médecin, parfaitement illustrée par le cahier de photographies très touchantes inséré au milieu de l'ouvrage. Le destin unique de Sœur Emmanuelle est parfois sujet à polémiques ou à exploitation en Occident. La preuve des bienfaits de son action tient à la solidité de ceux qui ont suivi son œuvre sur le terrain égyptien. En un temps où l'on fait du charisme de fondateur et d'inspirateur une sorte de visa pour la suspicion, il est bon de contempler les trésors inventés par la foi ardente. Et de sentir, un peu plus, l'odeur de la sainteté.

Les chrétiens d'Orient en 2022

15 janvier 2022

L'année 2021 se terminera donc à la fin du mois sans que la situation des chrétientés orientales n'ait été particulièrement améliorée. Si les discours partisans sont prolifiques à l'égard de nos frères aînés dans la foi, les politiques publiques, au premier rang desquelles les politiques étrangères, n'ont que peu évolué à leur endroit. La charge est décidément trop lourde pour les héritiers de Saint Louis et de Napoléon III.

Plus la charge est démesurée, plus les candidats aiment à exprimer leurs positions, leurs engagements, leurs audacieuses prises de conscience. Dans un pays divisé, au cœur d'une élection dont la moindre caractéristique n'est pas le morcellement de l'opinion, l'enjeu peut prendre la lumière. L'État affirmera à raison qu'il a apporté une généreuse contribution à certaines écoles chrétiennes et francophones libanaises. C'est une bonne chose. Les conseils régionaux affirmeront qu'ils ont sélectionné leurs interlocuteurs, trop souvent sur la base du politiquement correct, pour développer quelques projets. Ce n'est déjà pas si mal. Quelques municipalités ont pris des engagements forts auprès de localités orientales.

Bref, l'État n'est certes pas à la hauteur de son histoire mais il se distingue tout de même de quantité de voisins européens qui demeurent absolument abouliques devant les persécutions et les discriminations des chrétiens en Orient. Il est vrai que chez eux les chrétiens d'Orient ne sont pas un enjeu politique. Il y a pour sûr de l'affichage dans cette discussion. Ne pas piper mot sur l'absurde politique syrienne des quinquennats Sarkozy et Hollande et pleurer sur la déstabilisation économique du Liban qui accueille plus d'un million de réfugiés d'outre-Oronte est assez paradoxal. Il y a aussi la culture française qui exsude, même dans les âmes les plus vilement intéressées. C'est déjà quelque chose.

Vous lirez les développements habituels. Pêle-mêle, la rengaine d'une certaine Université qui verra du colonialisme derrière toute évocation de la question d'Orient, des sites « d'information » systématiquement alignés sur les positions du Qatar ou de la Turquie échafauderont les thèses les plus loufoques pour assimiler les défenseurs des chrétiens d'Orient à des miliciens, une certaine Église voudra remiser la question, ou l'édulcorer au profit de témoignages lénifiants, et la liste n'est pas exhaustive. Le pays légal a su depuis longtemps trouver la parade médiatique aux débats qui l'encombre ou le dérange. Le pays réel y résiste cependant, qui ne manque pas de penser aux Terres saintes en écoutant à nouveau le récit de la Nativité.

Car le Christ est né dans un lieu donné, à une époque donnée, dans une famille donnée, dans une tradition précise, en un lieu parfaitement connu et comme fruit d'une lignée qu'il importait de connaître. Cette incarnation et cette première évangélisation nous importent. Le Christ est le fruit d'une conception relativement patrimoniale de l'Incarnation mais c'est une autre question. Cette Incarnation sera fêtée au Pakistan, alors que pèse le joug de la loi sur le blasphème, dans la poche d'Idlib, à côté du djihadisme international, et jusqu'en Éthiopie, où le prix Nobel de la paix Abiy Ahmed a pris la tête d'un mouvement incroyablement répressif contre l'ethnie de ses prédécesseurs. Partout, la Nativité rappellera l'Infini de Dieu et le fini de cette terre bénie où notre foi a été révélée.

C'est ce qu'il conviendra de rappeler aux candidats à l'élection présidentielle, quand ils parleront dans les endroits mêmes où se dressent les églises qu'ils ont volées pour ne pas les entretenir, les écoles qu'ils ont formatées pour ne pas les soigner et les hôpitaux qu'ils ont magnifiés pour ne pas les panser. Comme tant d'autres sujets, les chrétiens d'Orient ont moins besoin de nuées que de décisions toutes pratiques. Et si vous demandiez à vos champions quelles seront les leurs ?

Semences sans moissons

3 février 2022

Le rapport annuel de l'association évangéliste Open Doors est paru. Sans surprise, la persécution des chrétiens dans le monde atteint des niveaux effarants, avec 360 millions de personnes qui ont subi de fortes persécutions ou de fortes discriminations au cours de l'année. Parmi les évolutions notables, plusieurs pays subissent les conséquences des évolutions géopolitiques de l'année.

Ainsi l'Afghanistan, où les États-Unis n'arrivèrent jamais à dépasser le stade de l'offensive à la suite des terribles attentats du 11 septembre 2001 pour tenir les promesses du concept de *nation building*. À Oslo, au mois de janvier, dans le Golfe, au mois de novembre, les États occidentaux acceptent pourtant de négocier avec les Talibans sans évoquer le sort de cette petite communauté chrétienne. Ce que l'on refuse à la Syrie, on le donne sans sourciller à Kaboul, où les milliards de dollars de subventions sont maintenus.

D'après le rapport, près de 6 000 chrétiens ont été tués en raison de leur foi dans le monde et 5 000 églises attaquées ou détruites, le tout dans l'indifférence de nombreuses institutions internationales trop occupées à défendre un fatras de messianismes aussi nuageux qu'imprécis.

La mort de chrétiens ne fait pas recette. Elle n'attire pas les grands titres, elle ne soulève pas d'émotion, elle ne mobilise pas les rédactions. Les brimades, l'esclavage, moderne ou non, la vindicte n'émeuvent que médiocrement les ambassades. Les clercs aussi restent bien silencieux, trop souvent occupés à discerner l'opportunité d'aviver la foi des fidèles avec l'exemple des martyrs. À croire que les actes ne comptent pour rien.

La semence des martyrs est devenue lointaine, comme jetée et non plus déposée en des terres que nous ferions le choix d'ignorer, trop content de retourner dans des catacombes, plus confortables et moins éclairées. Est-ce parce que leur geste indispose nos indignités ? Est-ce parce que nous avons trop peur que pleurer le mort ne devienne une provocation identitaire ? Est-ce parce que nous avons perdu l'énergie de la mission et préférons décortiquer notre pureté plutôt qu'aller à la rencontre de celle de nos frères persécutés ? Est-ce parce que nous sommes englués dans les lâchetés européennes, convaincus de la candeur de ces frères du Nigéria et de la folie des colporteurs de bibles en Asie ? Est-ce finalement parce que Rome a froid et que rien ne pourrait plus fouetter sa langueur ?

La réponse n'est pas simple. Les volontaires de SOS Chrétiens d'Orient sont là pour incarner le maintien de cette flamme, toujours intacte, au cœur de l'Europe. D'autres associations attirent aussi tout un trésor de vigueur et de dévouement. Ils contrastent justement avec la détermination amollie et refroidie de tant d'institutions. Que nous dit cette survivance au milieu de tant d'atermoiements ? Que nous dit cette permanence quand la seule évocation de traditions diplomatiques de la France est passible d'un procès en instrumentalisation de l'histoire ? Que nous commande ce legs quand le pays légal retrouve les accents du général André dans sa manière d'aborder les relations internationales ?

Demain nous le dira certainement. En tout cas, ces 6 000 chrétiens qui donnent encore leur vie pour leur foi ne peuvent que révolter notre fadeur. Jusqu'à atteindre notre raison ?

L'ignominie de Médiapart

mars 2022

Cette chronique essaye, chaque mois, de vous plonger dans les pérégrinations orientales de SOS Chrétiens d'Orient et de partager quelques émotions au contact de nos frères aînés dans la foi.

Souvent, je vous ai raconté les déceptions immanquables des aventures humaines, les amitiés évanouies et les contrats rompus. Parfois, j'ai voulu vous faire sentir l'incroyable densité des événements, ce fil du temps renoué par le sourire des lointains enfants de Saint Louis donnant leur quotidien au service des chrétientés orientales. Ces instants ne sont innocents ni d'une certaine nostalgie, ni de grandes naïvetés.

Il est cependant une méprise que l'expérience militante et politique m'avait épargnée. Jamais je ne crus que la vocation de

SOS Chrétiens d'Orient serait le calme et la tranquillité. Il eût fallu pour cela que j'ignorasse les racines de l'abandon par l'administration française de son rôle historique au service de la chrétienté orientale. Toujours, SOS Chrétiens d'Orient a accepté l'adversité et toléré jusqu'à la haine de ses adversaires. Après tout, le jeu en vaut bien la chandelle.

Je ne m'attendais cependant pas à ce que le trotskisme français allât aussi loin dans l'ignominie qu'il vient de le faire. Médiapart, organe officiel d'une certaine extrême gauche française, a procédé à une opération d'intoxication médiatico-judiciaire en accusant les 2 500 volontaires de SOS Chrétiens d'Orient de complicité de crime de guerre et de crime contre l'humanité. L'organe d'Edwy Plenel, ancien de Tariq Ramadan et disséminateur habituel des thèses des Frères musulmans dans l'hexagone, explique que notre association aurait aidé des milices chrétiennes coupables de crimes contre l'humanité.

SOS Chrétiens d'Orient aide en effet les deux municipalités incriminées : Mhardeh et Squelbieh. Leurs habitants y ont résisté pendant une bonne partie de la guerre civile syrienne aux assauts répétés des diverses factions islamistes présentes dans la poche dite d'Idlib, entre Hama et Alep. Les témoignages que nous collectons auprès des habitants sont effrayants : infiltrations de nuit, attentats, attaques au mortier. De toute évidence, les citadins n'eurent d'autre choix que de soutenir les forces de défense pour éviter d'être suppliciés par les djihadistes.

Idlib, c'est le règne des islamismes : les deux derniers chefs de l'organisation État islamique y résidaient à quelques encâblures de baraquements de l'armée turque, et tous les affidés d'Al-Qaïda s'y disputent le pouvoir.

Vous comprenez que pour Médiapart, et les milliardaires qui ont financé les papiers criminalisant SOS Chrétiens d'Orient dans ses colonnes, la situation est gênante. Deux villes peuplées de chrétiens qui ne fuient pas devant les assauts islamistes, c'est autant de témoins de la barbarie des factions d'Idlib. Rassurez-vous, les pigistes de Médiapart n'iront jamais y prêcher leur doctrine, ils n'ont pas le cran et l'été la température est difficilement supportable. En revanche, ils sont prêts à tout pour vouer aux gémonies ceux qui offrent des couvertures, des biens de première nécessité et des médicaments aux habitants harcelés par les djihadistes. Ce sera toujours leur effort de guerre.

Que SOS Chrétiens d'Orient fasse les frais de « l'idéologie Médiapart » importe peu. Ils ne nous font pas peur. Ce qui est effrayant, c'est que leurs menées aient en effet réussi à imposer une enquête contre notre association. Résumons : des milliardaires piochent chez les employés des sites qu'ils financent, leur offrent une bourse généreuse et un support sur un site de forte audience en France, pour incriminer ceux qui aident les veuves et les orphelins de la barbarie djihadiste, et les pourchasser judiciairement. Les États-Unis ont inventé l'extraterritorialité de leur droit, il est à craindre que la France accueille celui des épigones d'Al-Qaïda.

La déflagration ukrainienne

14 avril 2022

C'est peu dire que les débats sur l'Ukraine prennent des accents de guerre mondiale. Les nouveaux convertis de Zelensky ne supportent aucune critique pour leur idole. L'utilité d'un t-shirt kaki quand on alterne les télévisions internationales et les interventions parlementaires ? Une question dictée par la Russie. Les différences culturelles entre l'est, l'ouest et le sud de l'Ukraine ? Une rhétorique à la syrienne. Le suicide économique de la conversion de nos sociétés à des économies de guerre froide ? Le matériel avant la liberté.

Rien ne change, la guerre efface la nuance et la distance des observateurs quand elle progresse en réalité sur le terrain. Par un mystère magnifique de l'âme humaine, le soldat est toujours plus raisonnable que le journaliste. C'est sans doute qu'il protège des vies plutôt que des discours.

Les chrétiens d'Orient sont directement concernés par les horreurs qui se déroulent en Ukraine. Déjà, SOS Chrétiens d'Orient leur vient en aide : avec les paroisses grecques catholiques hongroises et slovaques, par l'entremise de la très belle mobilisation de la pauvre Moldavie, et même en Ukraine, d'Odessa à Kiev. Comme à l'usage, les équipes ont atteint Kiev pendant que nos juges coutumiers devisaient sur l'hypothétique positionnement de l'association. Les uns osent, les autres disposent, c'est dans l'ordre.

Le deuxième temps de la crise ukrainienne doit pourtant déjà mobiliser les esprits. Déjà, la farine se raréfie en Arménie et les économies du monde arabe, souvent dépendantes du blé ukrainien, craignent qu'un nouveau fléau s'abatte sur la région. La guerre des prix a ses victimes, les blocus commerciaux aussi.

Si les élites françaises sont toutes affairées à complaire à la légitime émotion médiatique devant les opérations en Ukraine, elles devraient bien envisager les conséquences de leurs dispositions. Les politiques de sanctions sont devenues l'art de la guerre des démocraties occidentales. Incapacitants, ces mécanismes sont très régulièrement à contre-emploi. Aucun gouvernement ne tombe à cause des sanctions, mais bien des peuples souffrent de leurs effets directs et indirects.

Que la Corne de l'Afrique devienne le théâtre d'émeutes de la faim et c'est toute la façade méditerranéenne qui payera la guerre civile en Éthiopie, les méfaits de l'Érythrée, l'irrésolution du chaos politique soudanais. Déjà, nous dépendons largement du bon vouloir de l'Égypte à maîtriser les immenses flux de personnes à sa porte.

Que le Proche-Orient soit l'objet d'un théâtre de pressions diplomatiques et les affrontements pourraient reprendre. Déjà, les houthis reprennent leurs attaques sur les complexes pétroliers saoudiens pour bénéficier de la tension des marchés de l'énergie. Encore, l'Iran jouera sur cette nouvelle donne dans les négociations dites des accords de Vienne sur le développement de son énergie nucléaire. Enfin, le Liban, l'Irak, la Syrie pourraient voir des antagonismes refroidis être réactivés pour marquer l'avènement d'une nouvelle guerre froide.

La globalisation n'a pas épargné les conflits. Une bataille à Marioupol fait sentir ses déflagrations jusqu'à Khartoum. Une décision à Bruxelles ou à Paris ne peut donc être pensée sans anticiper ses conséquences internationales. L'élection et le bruit médiatique faussent malheureusement les jugements et brident les intelligences. Rien n'a vraiment changé depuis Kiel et Tanger.

L'exil impossible

14 mai 2022

Marc Eynaud est un journaliste de cœur. Il ne refuse ni les combats ni les avanies de l'engagement. Une de ces plumes qui rendraient « la grande presse » plus lisible et moins ignorante de la passion des hommes qu'elle raconte.

Le cœur a ses excès, ses manies, ses voiles. On en trouvera certainement quelques-uns dans *Qui en veut aux catholiques ?*, son premier essai, aux éditions Artège. Le ton et la construction sont ceux d'un habitué de l'information quotidienne. Les mots classent directement Marc Eynaud dans une famille spirituelle, laquelle n'a jamais pardonné la Terreur et l'expulsion des congrégations. Qu'y peut-il ? Il faut bien que demeurent dans notre pays quelques jeunes esprits conséquents.

Le journaliste de Boulevard Voltaire explore l'Église ravagée et les églises profanées. Les cimetières satanisés, les hosties volées, les œuvres laissées à l'abandon n'ont aucun secret pour lui. Alors qu'il aurait pu risquer de s'en tenir au matériel, Marc Eynaud a listé également cette démission des âmes et ce galvaudage de l'héritage qui ont affaibli l'Église en France. Le constat est implacable, posant des mots précis et durs sur des réalités trop souvent édulcorées.

Que vient faire néanmoins cette misère des églises de France dans une chronique orientale ? En quoi les actions de SOS Chrétiens d'Orient sont-elles concernées par cette grande pitié ?

Répondre à ces questions revient à lever, je crois, de graves interrogations souvent lancées au sujet de SOS. D'abord, quand Marc Eynaud écrit que « devant les profanations et les dégradations, les réactions sont quasi inexistantes au plan national », il dévoile un grave symptôme du refroidissement français. Refroidissement des consciences, trop atrophiées pour comprendre qu'insulter un mystère, c'est abîmer l'Homme entier. Refroidissement des fils, incapables de s'indigner des blessures infligées au trésor de leurs pères. Refroidissement des clercs, tellement soucieux de la paix préfectorale qu'ils négligent la préservation de notre bien.

Ce refroidissement fait des victimes, et en premier lieu une victime, notre peuple, dont l'esprit n'est plus formé à considérer la gravité de ce qu'il voit. Les suppliciés de l'indifférence sont aussi toute une jeunesse, appelée à se taire quand elle est humiliée, à se prostrer quand elle est sous l'assaut, à se cacher quand on veut l'exposer. Pour sûr, la proposition que lui offre SOS Chrétiens d'Orient tranche beaucoup avec ce qu'un certain conformisme lui promet. Nous sommes les grands bénéficiaires de l'indisposition générale à l'égard des élites refroidies. Il n'y a pourtant pas lieu de s'en réjouir : les refroidis haïssent les généreux. Il les accable de tracasseries, de calomnies, d'imbroglios qui, mis à la lumière, provoqueraient un écœurement complet. Tout cela n'est donc pas fort propice à un pays en mission.

Marc Eynaud de commenter : « Or, ce militantisme visible des jeunes générations se heurte non seulement à une certaine frilosité de l'épiscopat, mais surtout à une société de plus en plus hostile à ce que cette jeunesse représente. » Douloureux constat. Alors que des témoins de la vocation millénaire de la France chauffent leur énergie au devoir de vivre au présent ce dont notre pays a toujours vécu, elle est conspuée, meurtrie.

Dans cette ambiance générale, nous aurions tôt fait de baisser les bras et d'en revenir à l'exil, intérieur ou étranger. Les chrétiens d'Orient ne nous le pardonneraient pas. Eux qui ont maintenu leur présence en Syrie, malgré l'abandon des nations chrétiennes, eux qui ont souffert des déplacements de population organisés par l'État islamique, eux qui demeurent quand nous voudrions fuir. Fuir ne sera jamais notre mission.

Pays perdu

13 juin 2022

En arrivant au Rafic Hariri International Airport de Beyrouth, mes dollars valaient 33 000 livres libanaises l'unité. Deux jours passèrent et ma richesse fut amputée, de 2 à 3 000 livres, d'après le marché noir, que chacun ignore tout en le consultant. Trois jours après mon retour, voilà que le dollar s'étalonnait à 23 000 livres libanaises.

Les marchés ni les institutions internationales ne sont véritablement sérieux et sûrement pas rationnels. Leurs méfaits se payent au prix fort, loin des discours apprêtés et des icônes de contrefaçon. Plein de récits révolutionnaires, le Liban doit prendre garde aux conclusions de ses émotions : les Français peuvent leur en dire quelque chose.

Partout, les hôtels ont perdu leurs touristes et accueilli les forçats de la réforme technocratique. Je les ai beaucoup croisés, hagards, souvent plumitifs. Ils hantent les entrées d'hôtels, pianotant frénétiquement leurs exigences et leurs admonestations. Les Libanaises n'arrivent plus à acheter du lait maternel et des couches. Que leur importe, tant qu'ils pianotent. A-t-on vu un de ces fantômes soigner un peuple ? Ils répondraient, entre deux cachets, qu'ils ne servent pas les situations mais les principes, dont les silences arrangent tout le monde.

Qu'importe alors que vous vissiez les plus hauts prélats, les ministres, le président de la République. Washington et Bruxelles ont décidé : les Libanais sont des parias, sans discrimination. Les dossiers des mercenaires de la réforme technocratique l'affirment : plus d'argent pour le Liban tant que les exigences des organes supranationaux ne sont pas remplies. Les souffrances des familles et les détails des situations ne comptent pour rien. La chute abyssale du salaire moyen non plus. Ce qui compte, pour les inspecteurs croisés à l'hôtel, c'est que leurs rapports soient respectés et leurs œufs brouillés à température. Le reste, c'est-à-dire la vie, ne les concerne pas.

Comme ailleurs, la corruption des âmes et des pratiques abîme le corps social libanais.

Est-elle cependant l'apanage du Liban ? Qui est transparent et probe au Proche-Orient ou en Europe ? Les bailleurs internationaux ont des exigences pour Beyrouth qu'ils oublient dans le voisinage.

Comme ailleurs, la capacité nationale à absorber les mouvements migratoires dépend de la volonté du peuple. Pourquoi l'ONU, l'Union européenne et Washington épuisent-ils le pays du Cèdre en lui imposant la présence depuis une décennie d'un million et demi de réfugiés syriens ? Est-ce pour créer les conditions d'une répétition de l'histoire en rejouant les années 1970 ?

Les Libanais sont à l'agonie. Les meilleurs s'enfuient, avec femmes et diplômes, pour trouver une vie plus calme, un cadre plus ordonné, pour fuir une milice, une ingérence, des souvenirs aussi. Les cauchemars ne sont dilués ni dans les élections législatives ni dans les préparatifs de l'élection présidentielle du mois d'octobre. Comment croire à ceux qui veulent changer le pays de l'extérieur ? Comment suivre ceux qui entendent refonder le pays en ignorant un tiers ou l'autre de ses habitants ? Comment tolérer l'arrogance des petits rapporteurs des hôtels, clones invivables au service de la dépression collective ?

On ne trouve plus de médicaments au Liban, le prix du pain y bat des records, les couples chrétiens y repoussent leur premier enfant. Ceux qui serrent l'étau qui blesse le pays n'obtiendront rien d'autre que l'anarchie, dont nous connaissons toujours les premières victimes.

Combattants français en Terre Sainte

5 juillet 2022

Les Français ont foulé toutes les terres de la planète. Les Britanniques aussi, qui jouissent du décolonialisme quand nous connaissons la repentance. Simplement, ces derniers ont davantage étudié leurs équipées au Levant, quand nous semblons comme sur la retenue. Denis Chevignard vient fort heureusement partiellement combler ces lacunes avec son *Combattants français en Palestine : 1917-1918* [17], chez Via Romana.

Qui se souvenait en effet que le 11 décembre 1917, alors que le général britannique Edmund Allenby faisait son entrée en arme dans Jérusalem, il était flanqué du colonel Jean Philpin de Piépape, premier gaulois à

17. Denis Chevignard, *Combattants français en Palestine : 1917-1918*, Via Romana, 2022.

faire son entrée en armes dans la ville depuis qu'elle avait chuté aux mains de Saladin le 2 octobre 1187 ?

Les tranchées étaient encore béantes quand Lyautey et Briand, vers Noël 1916, furent convaincus qu'il fallait s'élancer au Proche-Orient afin de ne pas l'abandonner à Londres. Des troupes qui jouèrent un rôle essentiel pour soutenir la crédibilité de François Georges-Picot, nommé haut-commissaire en Palestine en avril 1917, et dont l'histoire a retenu l'amour des tracés. La France partait de loin, le traité des capitulations avait été dénoncé par la Sublime Porte le 9 septembre 1914 et Paris ne bénéficiait pas de la clarté stratégique anglaise dans la région : sionisme et pétrole. Pire, Guillaume II avait effectué un voyage retentissant vers l'Oronte en 1898. Les volontaires de SOS Chrétiens d'Orient qui observent Héliopolis, l'imposante Baalbek, s'arrêtent parfois dans l'exposition photographique qui clôt la visite et éparpille les clichés du Teuton, passablement fasciné par les lieux.

Denis Chevignard décrit malicieusement le caractère britannique : « Ce fut tout le jeu subtil de la diplomatie britannique de chercher par tous les moyens à atteindre ses seuls objectifs ; en s'attirant les bonnes grâces des différents alliés potentiels dans cette région, sans trop s'engager en leur laissant miroiter des contreparties parfois antagonistes, qui se révélèrent *a posteriori* des duperies. » On appelle cela le *fair-play*, outre-Manche.

Fidèle à ses usages, la France avait sabordé l'un de ses meilleurs atouts. La dissolution et l'expulsion des congrégations avaient évidemment abîmé une partie du lien ancestral avec les terres bibliques. Difficile de faire jeu égal avec le corps expéditionnaire britannique, d'ailleurs : ils furent 140 000 Britanniques pour à peine 2 000 Français. Le nom de nos troupes fut cependant glorieux. Qui ne rêve pas en entendant « détachement français en Palestine » ? Parmi eux, nombre de chrétiens d'Orient : la légion arménienne, qui avait tant d'horreurs à venger, mais aussi des chrétiens syriaques de Turquie et d'Irak, et d'autres communautés encore. Ils obtinrent que Paris renforçât les troupes, atteignant les 7 000 hommes, en février 1918, quand la métropole sentit qu'il y avait quelque prestige à tirer du sacrifice des soldats débarqués à Port-Saïd une année plus tôt. Raid de Jaffa, suivant l'entrée dans Beyrouth le 20 octobre, obtention de la Cilicie et de la Syrie, après l'armistice avec les Turcs, l'héroïsme de cette troupe ouvrit une page d'histoire dont la mémoire et les conséquences dictent la vie orientale encore aujourd'hui. Les barbares de l'organisation État islamique n'avaient-ils d'ailleurs pas scénarisé leur renversement de la ligne Sykes-Picot ?

Qui se souvient des hommes tombés aux côtés de la légion arménienne ? Qui se souvient des frères des martyrs des déportations ottomanes embrassant notre drapeau pour honorer leurs défunts ? Nous aurions bien tort de nous repentir d'avoir aimé ces gens-là…

Bombes et sensualité

15 septembre 2022

L'orientaliste contemporain avait deux manières de rassasier sa passion cet été. Il pouvait s'accabler des nouvelles internationales et craindre pour la famine, la sécheresse et la guerre au Proche-Orient et dans la Corne de l'Afrique. Il pouvait également se délecter des périodes de Richard Millet qui revient sans cesse au Liban, dans l'histoire de sa sensualité, publiée sous le titre *La Forteresse-Autobiographie 1953-1973* [18] aux éditions Les Provinciales. Millet creuse sa famille, son père, ses pulsions, ses vices et ses racines dans un texte qui excède de loin les limites que l'auteur s'était imposées. Toujours, Beyrouth revient, comme un motif

---

18. Richard Millet, *La Forteresse-Autobiographie 1953-1973,* Les Provinciales, 2022.

qui devrait se glisser partout, se fondre dans la vie des sens et de l'esprit de l'ancien éditeur tourmenté.

En lisant *La Forteresse* et son affirmation minutieuse des origines du talent de son auteur, il faut être attentif à ce que le Liban, et singulièrement sa guerre civile, furent comme ce qu'il y eut de plus limpide et ordonné dans la vie de Richard Millet. Pas un ordre né du chaos, la chose serait trop bête, mais un ordre discret, imperceptible aux âmes avilies, et dont l'évidence n'étonne que ceux qui n'embrassent la vie du pays du Cèdre que par l'enchaînement des nouvelles.

Elles ne furent d'ailleurs pas rassurantes, cet été, dans un pays où l'on chercha durant deux mois les cadavres de migrants noyés, piégés dans leur embarcation, au large de Tripoli ; une concorde suffisante pour désigner un successeur au président Michel Aoun et des raisons d'espérer alors qu'un épargnant a dû prendre en otage son banquier pour qu'il daigne lui remettre à peine 10 % de ses honnêtes économies. Emmanuel Macron n'a pas hésité à donner la leçon aux dirigeants du pays dans un entretien au quotidien *L'Orient-Le Jour*, pour l'anniversaire de l'explosion du 4 août 2020, expliquant que les dirigeants libanais étaient tous responsables et que ce n'était décidément pas sa faute si ces élus refusaient d'entendre ses prophéties.

Comme ailleurs, les événements s'acharnent à démontrer l'impuissance étatique à faire fructifier nos atouts et nos amitiés au Levant. En Syrie, les rumeurs bruissent d'un rapprochement entre Damas et Ankara, au point que les rebelles islamistes, loués à l'époque par le Quai d'Orsay, craignent l'abandon de leur parrain ottoman. L'appétit d'Erdogan est sans limite puisqu'il a amorcé deux rapprochements inattendus dans la région : avec Israël, en rétablissant des relations diplomatiques suspendues depuis 2018, et avec l'Arabie saoudite. Alors que le prince héritier saoudien n'a rien cédé aux lamentations gouvernementales pour augmenter sa production de pétrole, se payant le luxe d'une visite à Paris, c'est bien l'effacement des puissances européennes qui avance, remplacées par divers empires, chinois, russes, américains ou turcs.

Cette disparition n'était certes pas une fatalité mais elle ne tient pas seulement à des tactiques défaillantes. Tout se passe comme si nous ne parvenions plus à discerner les entrailles orientales, à en lire les secrets et à en deviner les attentes. Infatués par nos certitudes démocratiques, nous allons vers des peuples qui gardent le souvenir de nos pères et découvrent les rejetons hagards d'un continent désorienté. Nous voudrions donner la leçon à des classes vides. Ailleurs, les pires ennemis se réconcilient au lendemain de terribles affrontements et les raisons l'emportent sur les cimetières. La dictature des droits n'aura rien effacé du tragique, elle nous aura simplement assis au milieu des spectateurs abouliques et incrédules.

Pour l'Arménie

10 octobre 2022

Rien n'avait été calme depuis le conflit de l'automne 2020. Ceux qui voulurent ignorer les combats constants depuis le cessez-le-feu s'en contentèrent. Escarmouches, désinformation arménienne, erreurs. Toutes les drogues de l'ignorance furent prodiguées aux amis distraits de l'Arménie. Amis partisans, amis de banquets, amis surtout de campagnes électorales, empressés d'oublier leurs déclamations une fois aux affaires. Tous, à droite, au centre et à gauche, promirent à Erevan une fidélité absolue, tôt remisée une fois que Bakou haussait un peu le ton diplomatique.

La période estivale fut le délice de ceux-là. Un nouvel épouvantail était apparu avec la guerre en Ukraine et les effusions de solidarité purent dégouliner ailleurs, sans grande stratégie humanitaire mais avec une puissante portée politique. Du gaz russe, il fallut subitement se détourner dans un unilatéralisme qui a peu à voir avec la pensée stratégique ni économique mais bien avec la folie collective. Les ressources naturelles ont cette particularité qu'elles existent là où elles sont et qu'on ne plante ni le gaz, ni le pétrole, ni demain le lithium et les terres rares. Alors, les capitales européennes redoublèrent d'ingéniosité pour séduire les capitales démocrates alentour : Doha, Alger, Bakou. Comme un triptyque. Comme un symbole.

L'Union européenne a toujours eu un faible pour l'Azerbaïdjan, considéré comme l'un des bons élèves du Partenariat oriental, à la différence de son voisin arménien, suspect d'une russophilie peu en cours à Bruxelles. Si bien que la présidente de la Commission européenne et le président du Conseil européen ne se firent pas prier pour louer les mérites d'un nouveau partenariat gazier avec un pays qui n'avait pourtant pas réellement posé les armes à la frontière de l'Arménie. Ce fut une grande séquence de presse le 18 juillet, où Ursula von der Leyen décrivit le président Aliyev comme un « partenaire de confiance », ou encore Charles Michel proclamant le 31 août son optimisme pour la paix dans le Caucase, dix jours avant la reprise de la guerre. Une telle prescience impressionne, ne doutons pas que la stratégie de diversification énergétique de l'Union européenne sera du même acabit.

Pour SOS Chrétiens d'Orient, la période fut à la mobilisation. Notre antenne de Goris, providentiellement vide le jour de l'invasion, ne fut pas touchée. Dans la ville de Vardenis, où les efforts conjoints de nos volontaires et de nos donateurs permirent de réhabiliter une école, nous fûmes longtemps dans la crainte de sa destruction. Providence encore, elle resta indemne. L'heure, sinon, était à la crainte : l'Azerbaïdjan ne réclame plus seulement la province du Karabagh mais voudrait accaparer des portions du territoire arménien internationalement reconnu. Ligués avec Bakou, Israël et la Turquie assurent au pays une supériorité militaire difficilement contestable. L'Arménie, piégée dans le jeu des puissances à l'œuvre dans la guerre en Ukraine, est aussi isolée que soutenue dans les oraisons jaculatoires des politiques français ou américains.

Face à l'énormité de ces enjeux, nos volontaires ne baisseront pas les bras. Minuscules parcelles de courage dans les drames transcaucasiens, les bénévoles de SOS Chrétiens d'Orient montreront qu'il est des Français encore pour se tenir droit auprès des montagnes, sans illusion, à leur devoir. Il n'y a plus que la vertu pour sauver l'Arménie.

Arnoun et l'orientalisme

19 novembre 2022

When Magic Failed[19] n'avait aucune raison de tomber entre mes mains. Cette couverture noire, solide et entourée d'une devanture volante un peu criarde fleurait trop l'édition américaine. Le sous-titre, « souvenirs d'une enfance libanaise coincée entre Orient et Occident » m'attira en premier : une promesse commerciale qui augurait d'une plongée au cœur des ambiguïtés orientales.

Je ne connaissais rien de l'auteur, un certain Fouad Ajami, anglophone vraisemblablement immigré du Liban jusqu'aux États-Unis. Tout devint subitement plus fascinant quand l'amplitude d'internet m'apprit que

19. Fouad Ajami, *When Magic Failed : A Memoir of a Lebanese Childhood, Caught Between East and West*, Bombardier Books, 2022.

l'homme fut un fervent défenseur de la politique étrangère de Bush fils, de sa guerre en Irak et de son héritage historico-politique que fut la guerre syrienne. Entrer dans l'enfance levantine d'un homme qui décrivit le cataclysme de 2003 comme une « guerre noble », qui promut toute sa vie la démocratisation arabe comme un vœu pieux sans ingérence américaine et qui batailla tant d'années dans les *Foreign Affairs* revenait à inspecter les entrailles d'une idée géopolitique tellement étrangère à mon expérience qu'elle ne pouvait qu'être fascinante.

Fouad Ajami est né dans une bourgade du sud du Liban, dans cet océan chiite qui jouxte quelques villages chrétiens et la frontière israélienne. La bourgade porte le nom d'Arnoun, que les voyageurs pourront arpenter en se rendant au superbe château de Beaufort, après quelques embrouillaminis avec les Forces de sécurité libanaises, ou un peu de roublardise, et où ils usurperont une réputation d'audace artificielle puisque la zone est considérée comme une tanière infréquentable pour les touristes occidentaux. Beaufort a subjugué tous les amis que j'y ai conduits. La brutalité de cette ruine déserte, mal gardée par des factionnaires étourdis, a quelque chose d'impressionnant par sa nudité. Au-dessus du Litani, du Golan, du nord d'Israël, de Tyr, la perspective a suscité les envies successives des croisés, de Saladin, de l'OLP et de Tsahal.

Fouad Ajami vécut en contrebas de cette superbe forteresse, dans les mariages poussifs et brisés de sa mère, dans les mœurs naïves et violentes d'une société chiite emplie des contradictions de la césure entre deux époques ; même sa scolarité dans le Beyrouth des années 1950 et 1960 ne permit pas qu'il échappât à la torture d'une circoncision sanglante à 13 ans. L'universitaire ne dissèque pas son monde par découpes scientifiques, plutôt par spasmes successifs de mondes qui se nouèrent après s'être longtemps toisés. Il raconte les jalousies féminines au milieu de l'imaginaire apitoyé des maisons chiites, les ambitions médiocres de son père, ravi par l'eldorado saoudien alors qu'il tenait une école dans les faubourgs de Bourj Hammoud, le quartier pauvre des réfugiés arméniens dans la capitale libanaise, ses voisins arméniens et l'école des sœurs dans Nabatieh, aujourd'hui fief incontesté du Hezbollah, et alors surtout ville quand Arnoun n'était que rurale.

Tout dans ce récit, jusqu'à la lassitude des paradoxes des métamorphoses libanaises des années 1960, est écrit avec une sensibilité pudique aux êtres et aux destins qui frappe quand on sait quel aveuglement s'empara plus tard de Fouad Ajami, conseiller des politiques américaines.

Adversaire honni du précurseur des études postcoloniales, Edward Saïd, Fouad Ajami a livré des souvenirs rocailleux et assagis par la fréquentation des regrets et des vilenies du cœur de l'homme. Le peuple chiite « insulaire, dont la religion, avec ses histoires de persécutions et de lamentations, était une partie de l'insularité », demeura la matrice de sa perception des heurts orientaux quand la jeunesse dorée d'un Saïd, issu des riches familles chrétiennes de Palestine, l'entraîna à des jugements méprisants sur les coupables « d'orientalisme ». Là où Saïd vit du racisme, Ajami crut en ses souvenirs. Cet affrontement et ces insuffisances cimentent encore les éclairages occidentaux sur les haines levantines et les souvenirs de Fouad Ajami offrent un surcroît d'humanité à cette bataille au milieu du sang.

Une vibration particulière

10 décembre 2022

Sabyl Ghoussoub vient de recevoir le Goncourt des lycéens. Inquiétant. Il est mon aîné de quatre années, ce qui est trop peu pour avoir épuisé ce qui lui reste à vivre de frivolités avant d'acquérir le droit d'être sage, comme disait Maurois, je crois. Chroniqueur, entre autres erreurs, chez Konbini ou *Libé*, son parcours augurait fort mal de son livre, *Beyrouth-sur-Seine*[20], qui plus est fort recommandé par la critique. Et quand il écrit « Je l'admire, mon père. Un jour, je deviendrai muet comme lui », l'idée que cette retenue lui permettrait de cesser toutes les poses qui émaillent son récit peut traverser l'esprit.

Sauf que le livre de Ghoussoub n'est pas sans intérêt. L'auteur fait le récit de sa collecte

20. Sabyl Ghoussoub, *Beyrouth-sur-Seine*, Stock, 2022.

des souvenirs de ses parents, jeunes amants lettrés évacuant Beyrouth après leur mariage, pour quelques mois parisiens et bientôt pour toute une vie. Cocasse et profond, le couple doit être une merveilleuse compagnie, et sa nostalgie ambiguë, doublée de la quête identitaire de leur fils, dresse un portrait sans doute des plus exacts de l'attachement dramatique et paradoxal des Libanais émigrés pour leur pays. Et chez les chrétiens, au moins, la construction identitaire libanaise est terriblement dépendante du commerce entre ceux qui restent et ceux qui sont partis, au culturel comme au financier.

Je ne sais pas vraiment si ce fut la volonté de Sabyl Ghoussoub mais, au revers de ses effronteries souvent médiocres, se devine comme le portrait d'une passion sincère et honnête pour son pays, quoiqu'il connaisse certainement mieux les arcanes de République que celles de Tyr et Tripoli. Cette passion distante et insatisfaite, lassée des batailles concrètes et mémorielles, est comme le portrait d'une génération beyrouthine, qui écrirait avec lui pour saisir ses nuances : « Je suis déraciné, d'autres ne le sont pas, c'est ainsi. »

J'ai hurlé en entendant Paul Audi, invité de *Répliques*, répondre à Finkielkraut les énièmes péroraisons émancipatrices de sa *Troublante identité*, parue chez Stock. La circularité de la réflexion, d'une autre sorte de chromo que les scories de Ghoussoub, donnait en résumé : refuser l'assignation identitaire tout en refusant de vivre dans ce refus qui serait lui-même une autre incarcération. Cela sonnait certainement trop comme la conclusion d'une colle vers Saint Michel. Or, du juif beyrouthin Selim Nassib, dans *Le Tumulte*[21], au Limousin Richard Millet de *La Confession négative*[22], c'est justement la profonde valeur de l'introspection identitaire, au contact de la place des Canons ou de la rue Rizkallah, qui affleure avec la passion du Liban. Comme si la Méditerranée avait jeté sur les rives de ce bout de terre une quête infinie de soi dans un monde où les autres sont tout. Comme si les souvenirs de Nassib et de Millet, frères en rien, ou en si peu de choses, disaient le sort, ou plutôt la vocation, d'une ville qui « te suivra jusqu'à ton dernier souffle, où que tu sois, c'est elle qui fermera

21. Sélim NASSIB, *Le Tumulte*, éditions de l'Olivier, 2022.

22. Richard MILLET, *La Confession négative*, Gallimard, 2009.

tes paupières ». Comme si les resserrements communautaires et l'imbrication étonnante des peuples des montagnes du Liban originel et des audaces cartographiques du mandat français avaient donné naissance à un pays discordant du mièvre message dont on l'affuble systématiquement, pour ressembler davantage à un défi tendu à ceux qui rêvent d'un homme qui ne serait fils de personne, allogène à toute communauté et rejeton d'aucune lignée. Les Phéniciens n'étaient pas nomades, les Libanais non plus, contrairement à ce que certains prétendent. C'est Selim Nassib qui fait dire à Rosco, le politique défait par l'horreur de Sabra et Chatila : « La guerre est perdue pour moi, pour toi, pour tous. Mais je resterai à Beyrouth. Je n'ai plus la force d'aller faire semblant ailleurs. »

Richard Millet donne certainement une cause de cette puissance particulière de la quête identitaire si dense au Liban quand il écrit, au début de son récit : « Nous avons vieilli plus vite que les autres. Nous avons vu ce que nul ne peut regarder fixement : le soleil, la souffrance, la mort. » Dans un pays qui fixe de nouveau ces trois Méduses, les yeux encore tourmentés par ce qui fut vu et raconté, le pire est à craindre et les détournements à soutenir. En s'effaçant, les trésors du Liban priveraient les hommes de cette vibration si particulière qui fait mûrir les cœurs et dilater les âmes avec un rythme et une profondeur qu'on retrouve chez ces étrangers parfaits que sont Sabyl Ghoussoub, Richard Millet et Selim Nassib.

Les chrétiens d'Orient victimes de l'action du Qatar

11 janvier 2023

Le Parlement européen a été secoué au mois de décembre dernier par un scandale de grande ampleur, rapidement connu du grand public sous le nom de « Qatargate ». L'anglicisme est malheureux mais révèle efficacement l'émotion qui a saisi une institution se parant de toutes les vertus démocratiques contemporaines de probité et de transparence. Le coup est d'autant plus rude pour l'Union européenne que le Parlement agit souvent comme le bras armé d'une certaine philosophie en vigueur chez les thuriféraires de Bruxelles. Au progressisme moderne, le projet européen ajoute, au moins depuis Maastricht, une conjonction de millénarisme droit-de-l'hommiste et de pseudo-vertu de transparence qui ne lui fait pas que des amis dans les chancelleries du monde, tout spécialement en Afrique du Nord et au Moyen-Orient. Imaginez un peu la délectation avec laquelle Le Caire, Tunis, Damas ou Beyrouth ont reçu la nouvelle de la découverte d'une vérole qatarienne chez leurs critiques les plus acerbes.

L'affaire est d'autant plus exemplaire qu'elle a utilisé deux vecteurs adulés des cénacles européens : les ONG et la société civile. En effet, le continuum de corruption inventé par la gauche socialiste et anticléricale italienne prit forme au moins dans les années 1990, transmettant les mêmes réseaux, les mêmes personnalités, les mêmes méthodes jusqu'à leurs héritiers, désormais découverts.

Tout cela, me direz-vous, aurait sa place dans les colonnes de *Politique magazine* mais pas forcément ici, où j'évoque régulièrement le sort douloureux des chrétientés orientales. Ce serait méconnaître le rôle abject joué par le Qatar dans l'orchestration des dynamiques politiques nées au lendemain des « printemps arabes » et dont les méfaits se font sentir encore actuellement.

Le Qatar a participé au soutien de toutes les milices islamistes dont les activités ont défrayé la chronique depuis une décennie. En Syrie, ils ont poussé la rébellion islamiste, au point que les Émirats leur reprochèrent presque publiquement d'avoir soutenu la milice Hayat Tahrir al-Cham, et chacun sait quel calvaire subirent les chrétiens dans leur voisinage, comme à Mhardeh ou à Sqelbiyeh. En Égypte, le Qatar fut le promoteur de Mohamed Morsi dont la présidence fut marquée d'un surcroît de persécutions et d'attentats contre les chrétiens coptes. Au Liban, le Qatar joue un rôle insidieux qui participe à la déstabilisation de toute la scène politique via des relais divers.

Comme toutes les populations du monde, les communautés chrétiennes orientales souffrent des effets des politiques quand elles leur sont déplorables. C'est une tare bien ancrée d'une certaine bourgeoisie française de vouloir les soutenir, entre poire et dessert, sauf quand on indique que leurs souffrances objectives ne sont pas le fruit d'une malédiction ou d'une vocation, mais bien la conséquence de plusieurs évolutions, dont les gouvernements français ne sont pas toujours innocents.

Que la commission des droits de l'homme du Parlement européen ait été presque parfaitement silencieuse sur le sort des chrétiens d'Orient depuis dix ans est un fait patent.

Que le Qatar ait été le premier servi de ses travaux dans le même temps était connu et sera vite établi. Que cette prime à une dictature islamiste, partie prenante de tous les mouvements de radicalisation ou de sécession islamistes, ait eu un intérêt pour ses monnayeurs tombe sous le sens. Quel fut-il ?

Le Qatar décidait des éléments de langage et des angles de la commission des redresseurs de torts et des mobilisateurs d'opinion sur certaines causes. Comment croyez-vous que les Rohingyas et les Ouïghours vous soient devenus familiers ? Demandons-nous maintenant si les chrétiens de Mossoul, de la plaine de Ninive, d'Idlib, de Libye et de Haute-Égypte auraient pu tirer avantage d'une telle exposition.

La corruption n'abîme pas que le cœur des coupables, elle déploie aussi le mal qui accable les innocents.

Lettre à un volontaire

Volontaire,

Demain, ta mission se poursuit. Déjà, tu as franchi la porte de SOS Chrétiens d'Orient. Un ami, une image, un texte, un conseil t'ont convaincu de rejoindre les milliers de Français, qui, avant toi, ont enfilé le chandail frappé d'un cœur rouge au Proche-Orient.

En t'engageant dans l'aventure, tu t'attendais peut-être à trouver une entreprise conforme à l'esprit du temps. Comme les autres, nous t'avons demandé des papiers, des dossiers, posé quelques questions, organisé des formations. Tous ces instants ont une valeur. Ils ont éprouvé ta persévérance et aiguillé ton choix. Honnête et sincère, tu as essayé d'embrasser avec enthousiasme les missions qui t'ont échu. Il a fallu réunir les fonds. Découvrir le militantisme. Poser les premiers pas du chemin qui allait te conduire à cette veillée fatidique.

Demain tu as bien des chances de parcourir le terminal 2 E de Roissy. Tu emmènes avec toi tant de choses dont tu devras te délester. L'Orient n'est ni ce que tu crois, ni ce qu'on en dit. Tu emmènes avec toi des engagements qu'il faudra tenir. La sincérité n'est pas l'affaire d'un moment, c'est une vertu qui s'éprouve. Nous verrons bien combien ton désir initial était fondé. Tu le verras toi-même, car ta mission, à ses sommets comme à ses peines, t'offrira la chance unique de te mesurer. Sans mensonge. Sans fards. Sans filtres. Juste toi et ce que tu prétends être. Mieux, ce que tu voudrais être. Tu emmènes avec toi des convictions. Elles n'ont de sens que si tu te configures à leur noblesse et si tu les conformes au réel. Rien ne t'y préparera encore dans les couloirs obscènes du prêt à consommer aéroportuaire. Tout peut t'y préparer au fond de ton âme.

C'est de cela que je veux te parler. Sans sentences ni glose. Rien qu'avec notre dizaine d'années d'expérience à fréquenter les cœurs qui nous rejoignent. Le tien est unique mais ses failles et ses forces sont plus banales. C'est le lot des hommes. C'est donc le lot des volontaires. Perdus, comme chacun, dans une modernité qui ignore leurs entrailles, ils veulent en découdre avec le fatalisme. Les heures perdues. Les lendemains de brume à épuiser son ennui. Tout cela n'est plus pour toi. Les chrétiens d'Orient ont besoin de ton engagement intégral. Ils veulent les brûlures de ton âme. L'avidité de faire. L'exigence d'être. Ils veulent trouver en toi un homme complet, ni robot ni zombie, un homme qui sait ployer le genou et tenir sa nuque. Un homme qui tient et qui se tient.

J'aimerais que tu lises cette lettre comme on écoute les paroles d'un ancien qui ne serait pas bien vieux. Tu en porteras quelques bribes là-bas, qui rejailliront quand il le faudra, comme un surplus de sens quand le zèle t'abandonnera. Finis ta valise. Embrasse tes proches. Souhaite-toi d'accueillir intégralement ta mission.

SOS Chrétiens d'Orient défend une cause, celle des chrétiens d'Orient. Nous avons une méthode, l'incarnation de notre aide par la vie auprès des familles que nous aidons. Nous buvons à une source : la révélation chrétienne. Nous héritons d'une identité, celle des fils et filles de France que l'Orient obsède depuis les langes de notre histoire. Quoique tu aies pu lire, quoiqu'on ait pu te raconter ou te vendre, notre dessein tient en de rapides phrases et des milliers d'exemples, accumulés déjà depuis dix années.

Ceux qui t'ont précédé t'offrent un trésor de prières. Les murs qu'ils ont lavés, les mains qu'ils ont jointes ne sont pas sans prix. Ils forment une longue chaîne de cœurs et de lieux qui, un moment, ont loué la présence des volontaires de l'association et la charité de sa communauté de soutien. Comme pour les lieux, l'Esprit souffle sur les générations. Et il est prodigue pour ceux qui se plient à « tout ce qui dans le monde, passe le monde ». Le fil que tu participeras à tisser dès demain n'appartient à personne sinon à Dieu. Récipiendaire de dix années de lutte, ton rôle est éminent : sans toi, rien ne pourrait être transmis. Sans toi, le feu qui ne doit jamais s'éteindre aurait épuisé ses ressources. Sans toi, SOS ne serait déjà plus que braise, quand notre œuvre est encore à ses prémices. Et pourtant l'aventure continuera sans toi. Elle n'attendra pas tes remords, ta nostalgie. Elle avance parce qu'elle vit. Elle croît, et tu n'y es pas pour rien. Elle invente, et tu peux charger son ingéniosité. Elle espère, du fond de tes espérances.

Elle se moque bien des préventions, des modérations. Elle veut engloutir tes manques, absorber tes infirmités. Et si tu la laisses faire, elle émondera jusqu'à ce qui t'aveugle. Tu auras trouvé là de quoi nourrir ta vie, et pour longtemps, car nous valons ce que nous sacrifions. Ce qui doit être retranché. Ce qui nous éloigne de la vie droite dont nous rêvons trop souvent sans consentir à ce qu'elle exige. C'est si peu finalement de se laisser toucher. Nous croisâmes un jour, quelque part au nord de l'Irak, un enfant qu'on laissait mourir, le ventre gonflé de faim, sous l'ivresse de chaleur de l'été mésopotamien. Sa mère voulait qu'il vive quand son père alternait les excuses, clamant qu'une femme ne pouvait aller seule à l'hôpital, ou que le petit n'avait besoin de rien. C'était si peu d'oser et raisonner les acteurs. Il faut pourtant se forcer, à affronter l'absurde, à pleurer avec la mère, à maîtriser sa colère face à la rage du mari. Et à sauver le petit, ou du moins, y contribuer.

Et si tu tiens cela, tiendras-tu devant les hospices pour enfants « exceptionnels », ou les plus belles âmes, débordantes de vie, présentent leurs visages tuméfiés pour te demander un jeu, une danse, un sourire ? Tiendras-tu l'amour qui annihile la stupeur et l'effroi ? Et si tu t'écartes, reviendras-tu, gonflé de honte, faire pièce à ta faiblesse ?

Reviendras-tu soucieux du serment que tu te fais ce soir, de cette promesse à laquelle nul ne te force et qui te forcera sans cesse.

Et si tu tiens cela, tiendras-tu en visitant les villages, où les familles qui élèvent les jeunes impotents, sans les médicaments qu'il faudrait, les attachent par un pied aux meubles de la maison, afin qu'ils vivent et ne se perdent pas ? Il te faudra les aimer. Tous. Loin des orientalismes et des images éculées des humanitaires salvateurs, altérant le monde tout d'un coup. C'est long, très long, de laisser une trace. La nôtre comme la tienne.

Peut-être ne verras-tu jamais cela. La charité n'a besoin d'aucun théâtre. Elle veut tes bras et ton âme. Quelle que soit ta mission. Même si rien de grandiose ne fouette ton courage. Même si rien d'effrayant n'impressionne tes sens. Même si tu n'as rien d'autre à accomplir qu'être fidèle au poste, au-dessus du cahier d'un écolier ou en tenant la main d'un vieillard. Ce que tu as à surmonter, c'est la distance qui te sépare du joyau initial de ta promesse. Le talent qui se cache est volé au monde. Le talent qui abdique est retiré à lui-même. Et nous avons besoin de toi, dans ce qui te porte à la perfection de ce talent.

Oui, notre mission est de renouer le lien

qui unit les Français et les chrétiens d'Orient. C'est grandiose. Ce n'est jamais grandiloquent. Tu devras faire ce que tu dois, des corvées les plus misérables aux réunions les mieux courues. C'est cette excellence qu'ils attendent de toi. Cette volonté obsédante d'accomplir parfaitement ce que ta famille, tes pères, et nos ancêtres, ont condensé en toi de talents et forces. Si les Français désirent toujours assumer leurs devoirs auprès des églises orientales, ils ne pourront le faire qu'en communion avec la source même de ce dessein. Et cette source, c'est la majestueuse parole de Dieu qui chemine dans les viscères de la grande épopée française, qui rencontra si souvent les chrétiens d'Orient. Ces communautés que lient des forces surnaturelles s'éloigneront immanquablement si nos petites natures ne s'allient pas à leurs chevets. La France, enfermée dans une nuit de reniement, jusqu'à la négation scandaleuse de son baptême, affaiblie par les cœurs froids, les esprits prétendument raisonnables et les usufruitiers de notre dissolution, appelle des esprits comme le tien à sa rénovation. Les communautés chrétiennes orientales, abandonnées dans le flot des errements diplomatiques, de la prolifération des islamismes et de l'appel constant à l'émigration, appellent des esprits comme le tien à son secours.

Ces familles peuvent disparaître. Les communautés comme les nations sont mortelles. Joindre leurs chemins de croix, et le faire sans transiger sur la singularité de leur chemin, voilà notre défi, voilà ta mission.

La cause des chrétiens d'Orient

Ta cause est celle des chrétiens d'Orient. Tu ne milites ni pour toi ni pour une idée. Tu milites pour des gens. Ton engagement a un bénéficiaire : les chrétiens membres d'Églises aux histoires riches et complexes, les unes unies à Rome, les autres séparées, qui témoignent du Christ dans le monde entier, mais dont le berceau des chrétientés fut situé dans les premiers patriarcats d'Antioche, de Jérusalem ou d'Alexandrie. Ces Églises rendent gloire à Dieu en des langues qui ne sont pas les nôtres. En des formes liturgiques qui diffèrent parfois nettement de ce que tu as connu dans nos églises. Elles n'ont ni notre sociologie, ni notre histoire. Hermétisme ou ravissement, ton expérience de leur identité particulière et de leur expression religieuse aura la valeur d'une découverte. Elle fut la source de tant de conversions, spectaculaires ou discrètes, au cœur de nos équipes. Tu oublieras l'ignorance des langues, des rubriques ou des timbres, pour te laisser saisir du culte divin. Tu redécouvriras certainement – c'est arrivé si souvent – le prix de ton patrimoine liturgique, et le trésor qu'il recèle, en apprenant de ceux qui persistent à conserver leurs rites, malgré le grand arasement du monde.

Cette découverte n'est pas rien. Un ami avait fondé un chapitre au pèlerinage de Chartres intitulé : « Notre-Dame d'Orient et d'Occident. » Voilà qui pourrait t'habiter, que tu pourrais dire aux tiens, dans un dernier message, avant les habituels mots de réconfort et de sécurité. Nous sommes les héritiers de trois villes : Athènes, Jérusalem et Rome. Si le Père a décidé que son Incarnation viendrait au cœur de la Galilée, s'il a voulu inscrire une part de sa royauté au milieu de la monarchie hébraïque, s'il a voulu que les apôtres et les disciples du Christ foulent la terre qui deviendrait celle des chrétiens d'Orient, s'il a voulu que les premières églises, les premiers martyrs, les premières querelles naissent au Levant, cela ne peut être sans raison.

Ce serait comme insulter sa parfaite intelligence que d'imaginer que le Verbe fût incarné comme dans un hasard. Croire qu'ici ou ailleurs, le plus grand mystère n'aurait pas eu à s'embarrasser de détails. Nous ne sommes pas les enfants d'un terrain vague ou d'une terre simplement désertique. Nous sommes les rejetons d'une famille, parfaitement unie, parfaitement aimante, parfaitement pieuse, et qui reçut un enfant qu'elle devait perdre, sans toujours le comprendre, pour que nous existions réellement. Le divin s'est donné librement, et dans cette liberté, il a choisi de magnifier toutes les noblesses humaines : l'amour d'une mère, l'exemple silencieux d'un père, la tendresse d'une famille, tous les rites religieux juifs, toutes les merveilles de l'amitié, de la camaraderie, de la société d'entraide et de courage des apôtres. Dieu ne regarde pas nos misérables grandeurs comme risibles : il a choisi de s'y glisser après en avoir inspiré le sel au cœur des hommes. C'est une chose de dire que Dieu n'est pas abstrait. C'en est une autre, surtout pour les catholiques du XXIe siècle, que de comprendre qu'il aime et sublime tout ce que les hommes se donnent et se transmettent d'obligations, d'honneurs justes et d'exigences. Cela doit t'en imposer. Cela devra imposer tous les membres de ta mission dans la qualité de leurs commerces et de leurs fidélités.

Tu dois bien comprendre cela. Les élans de ton âme, nous les voulons. La vigueur de ton cœur, nous la voulons. La joie de ton quotidien, nous la voulons aussi. Car tu vivras dans une communauté où tout est partagé : la maison, le dortoir, l'autel. En rejoignant cette vie, tu perds beaucoup. Le confort. L'intimité. La quiétude du bon vouloir. À toi qui fais comme tu l'entends, nous disons qu'il existe des devoirs conjugués qui fracasseront tes habitudes. Un chef qui arbitrera vos conflits. Une hiérarchie qui organisera les exigences. Des règles enfin, qui gagneront tes plaintes.

La collectivité impose tout cela. Elle devient la source d'une force inépuisable quand elle est vécue dans la joie des frères. Les grandes armées naissent dans les bivouacs, nos plus beaux projets dans la chaleur de l'esprit de corps qui naît et grandit dans la maison des volontaires. Que veux-tu accomplir de grand si tu n'es pas capable de soustraire tes enfantillages aux raisons d'une action plus grande ? Que veux-tu porter de noble si tu n'y entraînes pas tes camarades, qui languiront toujours de quelque chose de toi : soit un effort, soit un exemple ?

Les tribulations ne manqueront pas, c'est le lot de notre humanité. L'un sera décevant, l'autre ennuyeux, et le dernier ne t'accordera peut-être pas le temps que tu penses mériter. Vivez en chrétiens. En hommes et en femmes qui peuvent affronter les embûches du quotidien sans y épuiser leur vigueur. Dieu est là, qui attend tant de toi. Vivez en Français aussi, effrontés contre les grandes injustices et taiseux devant les déceptions misérables. Et si cependant tu souffres, mets-toi dans la main des saints français, ceux de la confiance, qui te regarderont avec fierté.

Tu les toucheras peut-être si tu pries à Notre-Dame de l'Attente, au Liban, là où la Très Sainte Vierge Marie attendait son fils, parti enseigné aux païens, en contrebas. Tu les toucheras au bord du Jourdain, en Jordanie, côtoyant ceux qui perpétuent la brûlante attention pour ce fleuve biblique. Tu les toucheras sur la tombe du prophète Nahum, à Alqosh, rare ville de la plaine de Ninive qui ne tomba pas aux mains des barbares de l'organisation État islamique. Tu les toucheras en Arménie, dans la cave où fut jeté saint Grégoire l'Illuminateur avant que sa foi ne terrasse le mal de Tiridate. Tu les toucheras au monastère Sainte-Catherine en Égypte ou dans les églises du vieux Caire. En Syrie, au cœur des ravages de la guerre, tu pourras sentir le souffle de nos aïeux qui prièrent eux aussi à Maaloula ou à Saint-Ananie, refuge de saint Paul après sa conversion.

Ailleurs encore, au Proche-Orient, tu approcherais de ces témoignages du Christ, de ses premiers compagnons et de nos premières communautés, qui, à la rencontre de la sagesse grecque et en renouvelant essentiellement l'Empire romain, enfantèrent la plus belle culture du monde en Europe. Nous ne serions pas fils de la civilisation française et légataires de la culture européenne si le Christ n'avait pas envoyé ses serviteurs zélés enseigner toutes les nations. Nos Pères s'en souvinrent, qui maintinrent un lien ininterrompu avec les communautés chrétiennes orientales. Nos gouvernements l'ont souvent oublié, qui rangent la défense des chrétiens d'Orient dans les discours attendus de la fonction, abondant parfois quelques deniers, ou quelques initiatives, mais s'éclipsant au moment d'assumer pleinement les serments transmis par la grande histoire de France.

Sous bien des aspects, tu restaureras ce qui

doit l'être. Bien sûr, SOS Chrétiens d'Orient a grandi, mûri, progressé. Nous sommes désormais une œuvre internationalisée, qui accueillera dans ta mission, des volontaires originaires de tous les continents. Il n'en reste pas moins que l'intuition de SOS Chrétiens d'Orient est apparue en France, dans un cercle d'amis qui militaient ardemment contre la dénaturation du mariage porté par la loi Taubira. Pourquoi cette intuition, qui a porté des milliers de volontaires à tout quitter pour servir les chrétiens d'Orient, est-elle née à Paris, et non ailleurs ? Pourquoi est-elle née alors que nous luttions, à armes inégales, contre la destruction de la filiation naturelle et du mariage traditionnel ? Il est bien possible que cela tienne à des explications toutes raisonnables, toutes mécaniques. Je n'y crois pas vraiment. Pour moi, notre vocation tient à cela : restaurer ce qui doit l'être, et de l'énergie de nos volontaires, de leur expérience de l'Orient, naîtront certainement des surcroîts de force pour rétablir bien d'autres choses, si Dieu le permet. S'il a plu que cette énergie naquît en France, c'est certainement puisqu'à celui à qui il fut beaucoup donné, on demandera de manière équivalente au moment du Jugement. Si nous sommes jugés sur la défaillance des Français à poursuivre une mission qui ne fut reniée ni par nos rois, ni par les républiques, alors notre grande honte sera dévoilée. Et les autres hontes ne prévaudront pas. Elles n'annuleront rien. Elles n'auront pas davantage de poids. Elles s'ajouteront selon leurs modes, avec leurs châtiments, et leurs larmes.

Oui, nous réparons de grandes hontes. Des hontes si tenaces qu'elles accaparent nos cœurs comme nos intelligences. Des hontes qui maculent l'histoire récente de notre pays à l'égard des chrétiens d'Orient. Tu verras comme ils espèrent tant de nous. Les anciens se souviennent et leurs enfants ont entendu les récits. Ils savent ce que valent des Français qui font ce qu'ils doivent, et les plus informés constatent amèrement l'éloignement contemporain, la béance entre ce qu'est notre pays et ce qu'ils voudraient de lui. Ils savent aussi que des pays chrétiens, les fils de France sont encore au premier rang de la sollicitude pour les chrétiens d'Orient. Ils te répéteront sans cesse combien ils craignent pour l'avenir de la France. Tu entendras, plein de révolte, des victimes de l'islamisme te partager leurs peurs pour l'avenir de ton pays. Écoute. Et loue le Ciel qu'on attende autant des Français, qu'on espère autant des Gaulois. Cette prééminence fut trop pesante pour beaucoup. À toi de montrer que ce défi épouse ta soif d'absolu.

Là-bas, tu es la France. Toute la France. Pour sûr, les rues des capitales arabes ont croisé beaucoup de nos compatriotes. Pas toujours des plus reluisants. Prouve-leur que l'obsolescence programmée des qualités nationales n'est pas irrémédiable. Sache cependant que tu n'arpenteras pas que ces villes partiellement mondialisées. Tu verras aussi des villages repliés, qui sortent parfois à peine des harcèlements islamistes, ou qui subissent amèrement le mépris des régions centrales. Certains s'égayeront de te trouver là, loin des tiens. D'autres tiendront la chose pour une folie bizarre, suspecte. Certains encore, déçus des pratiques humanitaires, bouderont ta générosité, s'interrogeant sur sa profondeur, sur sa véritable largesse. À tous, tu dois l'excellence. Celle du cœur d'abord, qui seule ne déçoit pas. Celle de la raison, ensuite, qui t'oblige à faire le mieux pour te hisser à la vérité des besoins que tu veux combler. Il ne faut pas échouer devant ceux qui souffrent. Il faut réussir, malgré les déceptions, les craintes, les étourdissements. Si les larmes te gagnent, dans un camp de déplacés ou au milieu d'un hospice, remercie bien ton ange gardien deux fois : la première de t'offrir une âme qui saigne quand elle doit saigner, et la dernière pour qu'elle reste au-dedans de toi. Ils n'ont pas besoin de tes larmes, ce sont tes bras, ton intelligence, ton âpre abandon qu'il leur faudra.

Et si tu cèdes, reprends-toi. Et si tu étais distrait, bats ta coulpe. Et si tu n'as fait qu'à demi, remets-toi au travail. Les pauvres sont exigeants, qu'ils le sachent ou non, c'est le moins qu'ils puissent faire.

L'amour du réel

Le bien que tu fais, nul n'en sait rien sinon Dieu et son hôte. Souvent, tu ignoreras jusqu'à l'étendue de tes bienfaits. Comment des gestes anodins pourraient-ils avoir le moindre sens dans une région battue par le djihadisme, la discrimination ou les persécutions ? Comment le mal qui fut fait, et qui continuera de l'être, pourrait-il être impressionné par la simplicité de tes dons, la médiocrité de ton partage ? Pourquoi toi et pourquoi maintenant ?

Tout cela tu le méditeras en mission. Parfois, au mitan des lassitudes, ce doute t'habitera au point de ronger ton énergie. Tu feras l'examen de tes efforts, soupèseras la valeur des sourires et le coût des destructions. La balance va toujours en faveur du mal : il pèse et tu équilibres. Le monde perçoit bien mieux ce qui alourdit que ce qui allège. Et toi-même, tu douteras.

Personne ne peut répondre à ta question. Celui à qui tu as donné, ton temps, ton attention, et jusqu'à ta pitié, est seul capable d'estimer la noblesse de ton intention. Et il y a Dieu, qui saura quelle était la pureté de ton acte et tiendra ton âme comptable de l'esprit dans lequel il fut accompli. La charité est l'action humaine la plus exigeante : parfaite, elle imite les libéralités d'en Haut, faussée, elle touche immédiatement au diabolique. Est-il besoin de te dire qu'il faut fuir tout ce qui partage l'odeur de Satan ?

Tiens le toi pour dit : tu as le goût du bien et le sentiment du mal. Tu renifles la cause de tes échecs avant de t'y prédisposer. Là où l'inquiétude te prend, il te faut la regarder en face.

Aie confiance en tes chefs. L'époque les déteste, tu dois les en aimer davantage. La tête d'un groupe humain a des droits. Le respect, l'obéissance, la déférence, tous ces mots grossièrement évacués de nos expériences humaines n'en sont pas moins des piliers. Celui qui est là car on l'a investi d'une autorité est au service des chrétiens d'Orient, et des causes portées par l'association. Rien n'est plus détestable que de la soumettre à un examen minutieux et inquisitorial. Si tu es sorti de l'enfance des choses, tu sais d'avance qu'un chef n'est pas un Dieu, ni une idole. Il a des lacunes, des manies, des imprécisions. Pire, il manque parfois à son devoir par injustice. Mesure cependant le devoir qui lui incombe avant de le poursuivre de tes acrimonies. Lui aussi a quitté beaucoup et donne encore davantage. Lui aussi affronte contraintes et déceptions, lui aussi se désespère des avanies. Lui, plus que toi encore, n'a pourtant pas le droit de trembler.

Les chefs de mission de SOS Chrétiens d'Orient ne tremblent pas. Ils ont connu les bombes en Syrie, les bruits des balles en Irak, les amis volés par les armes et les efforts détruits par les guerres. En Arménie, ils ont regardé les terres qu'ils avaient foulées tomber aux mains de l'adversaire. Ils ont continué cependant leur œuvre. Même après l'enlèvement de quatre de nos collaborateurs en

Irak, dont le chef de mission, l'action continuait. Depuis dix ans, nous les connaissons un par un. Au début de l'association, nous dormions à même le sol, harassés de fatigue, dans les lieux parfois les plus sommaires. Pas un des chefs de SOS Chrétiens d'Orient n'a ignoré cela. Pas un ne néglige ce que tu abandonnes pour nous rejoindre.

Soigne-toi donc de cette haine de notre temps pour les chefs. Apprends à leur contact, de leur mélange de science du terrain et d'expérience des études. Apprends. Et s'il leur vient à manquer à ce qu'ils doivent, apprends-leur que tu veux les aider à surmonter cela. Apprends-leur par ta confiance et ton sens du devoir à revenir aux leurs. N'adopte pas le mode de la récrimination comme un progrès. En de rares occasions, il faut savoir s'élever contre un ordre par sens de l'obéissance. Contre une coutume par exercice de sa liberté intérieure. Contre un usage parce qu'il ne correspond plus aux enjeux du temps. Pour discerner ces changements nécessaires, l'esprit contempteur est rarement le mieux placé. Celui qui a beaucoup obéi est souvent le plus libre.

Combien en avons-nous vus qui prétendaient expliquer comment SOS Chrétiens d'Orient aurait dû procéder, penser, réfléchir et faire ? Convictions ou diplômes, ils possédaient une science si intégrale qu'elle aurait dû les mener à des succès qui les ignorent. Au contraire, les vieux sages sont de peu de mots et de conseils plus rares encore. Ils savent que le poste d'observation a sa valeur mais aussi ses lacunes. Ils savent aussi qu'au cœur de l'action, la hauteur de vue exige la parcimonie dans les commentaires. Excelle dans ta tâche, soumets curieusement tes camarades à ton envie d'apprendre d'eux, et réfléchis à ce que vraiment, tu pourrais parfaire. Si ce qui se vit ensemble doit se décider ensemble, rien ne sera jamais bon qui postule des égalités parfaites et paresseuses, qui néglige l'exigence au profit de l'égoïsme.

Tes chefs ne peuvent qu'attendre de toi ce que les communautés que tu aideras désirent de tes gestes. Je te l'ai déjà dit : ils ont trop souffert pour attendre autre chose que la perfection de ton abandon à leur service. Nul ne s'abandonne comme ça, spontanément. Être prêt à offrir son excellence au-dehors exige d'y consentir au-dedans. Au-dedans de toi, d'abord. Et au-dedans du foyer, ensuite. Que dirait-on d'un volontaire dont que les préciosités d'intérieur mobilisent davantage que son sens de la mission ? Enfant d'un temps qui accorde une place éminente aux arrangements avec l'exigence, fuis la nonchalance. Elle n'est pas si belle au pays. Elle devient franchement laide au cœur des nuits que tu veux soutenir.

Pour le Christ, par les chrétiens d'Orient

SOS Chrétiens d'Orient est une association de laïcs catholiques. Les fondateurs de l'association ont librement décidé de se donner des règles catholiques, des conseillers religieux catholiques, des objectifs qui le sont aussi. Nous ne l'avons pas fait sur commande ni par fanatisme. Ce choix correspondait au sens de l'engagement de nos premières actions et à la profondeur de nos premières inspirations. Rien de ce qui se fait ni se vit chez SOS Chrétiens d'Orient ne doit être éloigné de la tradition catholique et de son Église.

Tu le savais en t'engageant. Aucun certificat de baptême, aucune enquête sur ta foi, ta conduite, tes pensées. Ce que nous attendons de toi, au moins, c'est que tu te conformes à ces règles de vie. Elles sont le fruit d'une morale souvent très naturelle, et il n'y a nul besoin de croire pour en comprendre la portée. Après tout, les hommes sanctifièrent leur repas et une part de leur temps avant que le Christ ne se révèle aux hommes. La collectivité et la sécurité importent aussi leurs règles, parfois pesantes et incomprises. Consens aux corvées et aux ennuis du service, ils disposent au sacrifice. Ce séjour de labeur est aussi pour toi un séjour d'introspection. Est-ce qu'il t'importe d'abord de servir le bien ou de ressasser les antiennes du temps présent, jusque dans ses imprécations les plus paradoxales ?

Pas un monastère, pas une épopée, pas un empire ne s'épargnent le soin du règlement. Il en va de même en mission. Ne perds pas ton temps à des méditations réglementaires. Abreuve-toi à la foi qui soutient les raisons de nos codes. Sois un cœur ardent plutôt qu'un accumulateur de scrupuleux codicilles. Toute société humaine tient par son ordre et le nôtre exige des renoncements. Un cloaque ne peut communiquer que ses miasmes. Une équipe éclatée ne peut que transmettre ses divisions.

Tout ce cadre de vie est là pour t'emmener à Dieu. Après tout, la charité est l'ordre supérieur de l'amour, et tu es là pour exercer la charité. Rien ne doit te détourner de cette vocation. Déjà, en ton foyer, c'est l'appel fondamental qui doit te transpercer. Dans ce nouveau foyer qu'est la mission, c'est le seul souci qui doit t'obséder. La seule règle que rien ne peut assouplir. La charité a tout empire sur la vie des volontaires de SOS Chrétiens d'Orient.

Le terme n'est plus apprécié : les œuvres, les associations charitables ont laissé la place aux ONG, qui se distinguent par des tombereaux de réflexions indolentes refusant ce terme, brocardé car dégradant, ou illustrant je ne sais quel sentiment de domination. Comme si nous avions collectivement oublié qu'à celui à qui il est beaucoup donné, il est exigé de redoubler de générosité. Comme s'il fallait être honteux de concevoir avec respect ce que nos Pères tinrent pour la suprême réalisation de leur amour des hommes.

La charité aime ce que l'homme ne perdra jamais, son âme. Elle ne néglige rien de nos attributs, ni le corps et ses besoins, ni l'esprit et sa dignité. La mode « non gouvernementale » est fascinée par les religions des droits, d'ailleurs toujours en guerre, qui beuglent que certaines libertés civiques et leurs définitions l'emporteraient sur la santé, l'éducation, ou la religion. À ceux qui boivent à cette source, nous porterons toujours le témoignage de ces millions de familles orientales, livrées à la guerre au nom de motifs imprécis, quand ils ne sont pas purement fallacieux, et par des experts qui n'épouseront jamais leur pauvreté. Les nuées prétendent aimer l'homme. Ton quotidien consistera à l'aimer infiniment dans ce qu'il a de plus obtus, de plus dégradé autant que dans ce qu'il a de somptueux.

Oui, tu es là pour la charité. Et la charité ne blague pas. Elle déteste le chromo. La charité exige de se placer bien en face des pupilles de celui à qui tu donnes et de pouvoir lui dire « Je t'aime ». Tu verras, c'est une tension qui te dépassera longtemps. Au départ, tu ne l'apercevras même pas, tout à la joie de multiplier les actions et de découvrir l'étranger. Et puis, tu seras pris des doutes dont je te parlais tout à l'heure. Et là. Si tu dépasses cette incompréhension, si l'idée que tu te faisais du moteur de ta bonté, de la réalité de son destinataire, et de la forme de ton aide, cesse d'être une théorie pour embrasser le quotidien des chrétientés orientales, alors tu seras pleinement volontaire. Pleinement au service. Pleinement militant des chrétiens d'Orient.

Tout ce mûrissement du volontaire fait le délice de tes chefs, de toute l'association et de l'ensemble de la communauté de soutiens de SOS Chrétiens d'Orient. Chaque action que tu accomplis, chaque distribution que tu effectues, chaque don qu'il est permis de faire, trouve son financement dans un autre sacrifice, celui de nos donateurs. Eux aussi ont leurs doutes. Leurs misères. Leurs épargnes. Le crédit à raboter et les enfants à nourrir. Chacun de tes succès leur appartient. Chacun de leur don a rendu ta mission possible. Ils sont les nourrices des missions de SOS Chrétiens d'Orient. Ils étaient là quand tous nous ignoraient. Ils ont demeuré quand nos adversaires ont lâché leurs chiens, et les plus mauvais, contre notre œuvre. Ils seront encore là, demain, pour aider tes successeurs.

Pense toujours à eux. Pense à eux car tu leur es redevable. Prie pour eux, car le bien que tu peux faire, ce sont eux qui le réalisent avec toi. Prie pour eux car ils sont eux aussi l'incarnation de cette France qui ne se rend pas. Ils forment non seulement la possibilité de ton action, mais la complètent même, comme autant de foyers qui n'ont pas abdiqué les fidélités immémoriales. Pendant la prière commune, pense à eux, qui, au chevet de leurs petits, ou dans le refuge des prières de leurs familles, prient aussi pour toi. La prière écrase les distances. Elle écope le mal du pays. Elle te redit que tu te dois aux chrétiens d'Orient, et que, pour t'appuyer, la cohorte de tes ancêtres trouve le renfort de ces contemporains souvent anonymes qui misent sur ta force pour projeter la leur.

Ensemble, nous maintenons cette chaîne du temps. Cette prière nationale et active pour nos frères aînés dans la foi. À quoi bon te dira-t-on ? À quoi bon aller si loin quand les maux sont si proches ? À quoi bon lutter pour que ces communautés ne s'éteignent pas, quand, sous bien des rapports, la nôtre, de léthargique, pourrait devenir morbide ?

Assure-toi bien d'abord que ceux qui t'intiment ces doutes se hissent à la hauteur des souffrances qu'ils voudraient te voir panser chez nous. On a jamais vu une société forte qui chargeait ses fils partis au lointain des responsabilités qu'elle se refuse de porter au quotidien. Des Français étriqués, enfermés, incarcérés dans la dépression nationale, bref, des Français convaincus qu'ils seraient trop petits pour le monde, trop misérables, pourraient bien déjà avoir cessé d'être français. Notre histoire nous a acquis des responsabilités foisonnantes, des amitiés qui étancheraient la soif des conquérants les plus avides.

Apporter le meilleur de ce que nous sommes, et ce qu'il nous appartient de rester, n'est jamais une forme de dédain pour les siens, c'est au contraire, être suffisamment gorgé des qualités nationales pour les servir au-dehors.

Prends garde cependant à ne pas abandonner ce qui t'a permis d'être là. Cet élan généalogique qui, à rebours de tant de nations, nous destine à cette tâche. Il faut bien des sédentaires pour engendrer des voyageurs sincères. Il faut tant de vertus discrètes pour engendrer celles qui exhibent le souci raisonnable des autres. Au milieu d'un monde humanitaire enflé de prérogatives que nul n'a octroyé, la certitude d'être là par la seule grâce des idées, si généreuses fussent-elles, est exactement antagoniste des raisons de SOS Chrétiens d'Orient, qui ne fait qu'assumer notre devoir envers notre Dieu, notre pays et partant envers les chrétiens d'Orient. Aussi n'avons-nous pas inventé une cause. Tu peux, certainement, te demander si l'aide que tu viens donner n'est pas un prétexte, que ta conscience aurait formé pour poursuivre d'autres buts. Le simple fait qu'elle t'ait orienté vers notre cause est un reflet des siècles où d'autres n'ont pas rejeté l'appel du

Levant. Comme chaque volontaire ne fait que passer l'étendard de son sacrifice à son successeur, SOS Chrétiens d'Orient ne fait que tenir des promesses qui furent faites il y a mille ans et plus.

Ces promesses sont un signe d'élection. Quand nos ancêtres voguaient pour défendre les chrétiens martyrisés sur les lieux saints, quelles qu'aient été leurs errances, ils étaient dépositaires, au nom des nations, d'un des desseins les plus nobles qui aient pu naître en Occident. Quand tu vogueras pour dire aux communautés chrétiennes orientales que leur présence à du prix à tes yeux, à ceux des tiens, à ceux de milliers d'inconnus qui te permettent d'être là, souviens-toi aussi de ton retour.

C'est le propre du voyageur d'envisager aussi son retour. Et il te faut, dès cette veillée, y penser aussi. À chaque moment de ta mission, il te faudra savoir que tu te devras au retour. C'est d'abord t'assurer de ta veille constante à la qualité de tes actes. C'est surtout l'antidote aux désordres qui pourraient naître en toi à force d'abandon au profit des bénéficiaires de ta mission. Tout chez toi doit tendre simultanément vers la perfection du geste et la certitude qu'il devra être reproduit par un autre que toi. Cela signifie bien sûr que rien dans ton comportement ne doit détourner ou éloigner de notre œuvre. Cela signifie aussi que ta mission n'est pas une intermittence. Comme elle a eu son origine bien avant ta volonté, et la nôtre, elle n'aura sa fin que bien après ton départ, et le nôtre.

Il te faut donc être attentif à tout. Aux détails des témoignages. À la vérité des regards, des habitudes, et des plaintes. Aux explications des blessés, des éplorés, quand bien même elles divergent de tes conceptions ou des politesses du débat public français. Sois soucieux de tout chez eux, puisque tu devras porter leur voix à ton retour. Aux timbres de leurs chants. Aux usures de leurs cœurs. Aux raisons de leurs désespérances. Consigne tout en ton cœur. Consigne tout, non avec le soin de l'entomologiste, mais avec celui du militant, du combattant que tu devras être au retour, face à ceux que tes mots scandaliseront. Prends garde dès maintenant à ce qu'ils aient la couleur des leurs. La traduction de leurs expressions. Je t'assure que beaucoup de nos contemporains ne sont pas prêts à te croire. Qu'ils douteront de ton expérience. Qu'ils préféraient beaucoup le confort des récits anémiés à la stupeur des faits froids comme des larmes pures.

SOS Chrétiens d'Orient a tant subi de ceux-là, les enchanteurs de plateaux, prêts à embellir leurs péroraisons d'une cosmétique pratique, plus soucieuse de rassurer nos contemporains, plutôt que de leur porter les mots qu'ils s'efforcent de ne jamais entendre. Tu subiras aussi leur morgue. Elle est l'hommage des courageux contre les velléitaires, le talisman de ceux qui ont touché face à ceux qui veulent nous couper les mains, sinon plus.

Il ne suffira pas que tu sois cru, tu devras aussi convaincre. Convaincre de partir à ta suite. Convaincre ceux qui agiront comme tu le fis. Convaincre de prier, d'agir, de militer. Convaincre que chaque décision concernant le Moyen-Orient ne peut être prise sans considérer ses effets sur les chrétiens d'Orient. Convaincre enfin que ta mission ne fut pas une vignette fugace qui traînerait dans un livre souvenir, ou pire, une simple ligne sur ton CV. Tu vas puiser dès demain à une source qui a révolutionné le monde. À la source de saint Étienne et saint Paul, de saint Thomas l'apôtre des premiers moines, à la source des hymnes d'Arménie et des litanies byzantines. Cette source vit en des endroits négligés par les hommes. Antioche, par exemple, où les chrétiens furent nommés comme tels pour la première fois, et qui est aujourd'hui presque vidé de nos frères. Chaque village perdu par les chrétiens d'Orient est une plaie pour le monde, chaque famille condamnée à l'exil un terrible signe des temps.

Demande en tes prières à ce que cette source abreuve pour longtemps la vigueur de tes engagements. Demande que ceux qui partagent la Passion te coupent à jamais de l'indifférence.

Que faire à ton retour ? C'est la question qui taraude souvent les volontaires. Les causes abondent, les contraintes également. Pour y répondre, rien ne vaudra la méditation de ce qui t'a permis d'être là. Le modeste exemple de tes chefs, et de l'association, partie de rien il y a déjà dix ans, peut être un bon départ. En engageant la conversation avec ceux qui t'entourent, fuis les mirages des vies sectionnées, où l'on ne se focaliserait que sur la dimension convenable d'un moment, puis d'un autre. Nous vivons dans les grandes angoisses de la disparition. Moins rapide certes, que celle des communautés chrétiennes orientales, mais certainement plus pernicieuse. Entends leur appel et participe au ressaisissement qu'ils nous conseillent. Rien de ce qui est humain n'est alors étranger à la poursuite de cette vie pleinement donnée. Fonder une famille ne s'oppose pas aux ambitions. Militer pour la cause des chrétiens d'Orient ne dispense en rien de tendre la main aux pauvretés de ta rue, celles de nos compatriotes privés des richesses de nos identités ou celles qui gémissent sous le poids des dangers, de la faim, de l'âge, de l'abandon. Regarde cette confiance en la vie qui exsude même au cœur des tentes des réfugiés au désert. La place accordée aux humbles, aux vieillards, et jusqu'aux fous du village, encore accompagnés dans leur quotidien au Proche-Orient, ne peut que t'interpeller sur le sort que nous faisons des nôtres, de tous les nôtres, érudits ou pitoyables.

Ne rejette rien de ce qui rend la chaîne du temps possible. Ni ta famille où naîtront les volontaires de demain, ni les églises où les prières construisent notre action, ni les services de la cité, politiques ou non, qui n'abandonnent pas le bien commun. Vois ceux qui continuent à affirmer leur foi et leur culture au milieu de l'océan islamique, sans s'effacer, sans défaire leur catéchisme, sans accabler leurs pères de reproches. Au chrétien que tu croiseras à ton retour, si prompt à deviser sur les méfaits du prosélytisme, les difficultés à vivre avec rectitude au XXIe siècle, tu pourras opposer la rencontre de ceux qui risquent tout par fidélité aux élans de leurs âmes. Tu leur diras que si la peur les gagne, c'est que leur vie doit changer afin de terrasser ce qui les oppresse. Qu'il faut bien que certains consentent pour que d'autres vivent la vie bonne. Ton retour est aussi pour eux. Pour ceux qui n'ont pas le cran de partir. Pour ceux qui n'ont pas l'audace de transfigurer leur vie pour qu'elle se défasse de la peur. Compte combien tu aurais pu en connaître, de tes amis, qui devraient partager cette veille avec toi. Ne les prive pas du feu de ton conseil à ton retour. Ne prive pas tes enfants de l'audace que tu as en ces précieux instants. Ils sont rares les moments d'une vie où l'on sent que tout peut s'accomplir, si l'on ne s'écarte pas de sa sincérité initiale. N'esquive rien de cette veillée. N'esquive rien des questions qui te traversent.

Tous les fondateurs et tous les anciens volontaires de SOS Chrétiens d'Orient partagent ce moment avec toi. Ils l'ont étreint eux aussi. Je l'ai étreint moi aussi, au tout début de l'aventure que fut la naissance de SOS Chrétiens d'Orient.

Je ne connaissais pas un mot d'arabe, n'avais jamais mis un pied au Levant, et fêtais mes 20 ans. Moi aussi, j'ai connu tes angoisses, j'ai douté de la sincérité de mes choix comme de la valeur de ma contribution. Dix années de présidence de SOS Chrétiens d'Orient n'auront jamais répondu aux questions d'une âme qui espère être digne des responsabilités qu'on lui confie. Ce doute n'est pas une faiblesse, c'est le tribut des hommes libres.

Libres car nous faisons le choix de partir. Libres car notre citadelle intérieure à ses dentelles, ses anfractuosités, par lesquelles notre conscience nous intime d'être des hommes droits. Tu es souverainement libre dans ce voyage qui te conduit aux confins de l'Orient. Parfois, c'est peut-être la première décision véritablement déterminante que tu engages dans ton existence. Tu n'as pas le droit de regarder cela comme un embarras, un fardeau qui dilaterait pour quelques semaines ou quelques mois, ta confiance. Tout au contraire, tu dois vivre pleinement cette aventure comme le don que te fait la vie tandis que tu consens au don de ta personne.

Là-bas, tes camarades t'attendent qui ont besoin de toi. Les emplois du temps sont changés, les formations distribuées, l'accueil programmé. Le foyer qui va t'accueillir a besoin de ton énergie, de ta candeur, de tes erreurs initiales. L'arrivée d'un nouveau volontaire est un passage important pour toutes nos équipes. Il n'est pas anodin d'accueillir un nouveau frère à qui il faudra si vite partager les secrets de la maison. Ils t'attendent. Ils ont besoin de toi dans une école, un chantier ou une équipe de donations. Ton nom est déjà inscrit dans les roulements. Ta présence n'est pas seulement comptée, elle est désirée par toute une troupe qui a besoin de toi.

Tu ne comprendras pas cette nuit pourquoi tu pars. Tu ne le comprendras pas intégralement demain, ni au milieu de ta mission. Il est vain d'y consacrer une énergie qui te sera bien précieuse dès demain, au moment de rencontrer tes camarades et ton nouveau quotidien. J'aimais et j'aime encore ces derniers moments dans notre patrie, où tout ce qui nous a édifiés est là, installé, parfois chancelant mais si précieux, et sera éloigné demain. Les nuits changeront dès demain. Elles te berceront des rêves d'autres civilisations, des mots et des formes de peuples si différents. Ce basculement grisant est le plaisir secret des voyageurs. Laisse passer la nuit et prépare-toi à exceller au service des chrétiens d'Orient.

Finis cette lettre, contrôle ton paquetage, rends grâce à Dieu et remercie les hommes de l'élan qui te conduit en ces terres étrangères. Contemple les tiens. Eux aussi espèrent en toi. Eux aussi te commandent de rentrer averti de la mesure de tes forces et gorgé du bien que tu auras dispensé aux communautés chrétiennes qui t'attendent. Ils veulent que tu sois le messager de leur amour pour nos frères blessés, le réparateur des torts qu'ils peuvent nous imputer, l'incarnation d'une France qui ne se résout pas à ce que les apprentis djihadistes soient ses seuls représentants dans l'Orient compliqué.

Nous sommes déjà fiers de toi.

Table des matières

Chez le même éditeur

Les dernières parutions de la collection « Dans l'arène »

La Dépossession. Ou du remplacisme global, Renaud Camus, 2022.

La Gauche ou le monopole de la violence. De 1789 à nos jours, Thierry Bouclier, 2022.

Chronique de la guerre civile en France. 2011-2022, Richard Millet, 2022.

Chez nous ! Pour en finir avec une économie totalitaire, Hervé Juvin, 2022.

Le Profond Murmure, précédé de *Le Mot « race »*, Renaud Camus, 2022.

Parlez-vous le mème ? Une contre-culture numérique de droite, Anne Tremblais et Paul Francpain, 2022.

Juridiquement correct. Comment ils détournent le Droit, Bertrand Saint-Germain, 2023.

Femmes, réveillez-vous ! Pour en finir avec les mensonges du féminisme, Anne Trewby et Iseul Turan, 2023.

Cap sur la communauté ! Une boussole pour les militants identitaires, Marco Scatarzi, 2023.

Le Guide marketing du dissident, Hubert Calmettes, 2023.

La Nouvelle Droite au XXIe siècle. Orientations face aux années décisives, ouvrage collectif, 2023.

Dépôt légal : juillet 2023 N° imprimeur : 072375875

Imprimé en France par Présence Graphique - Monts.